双色大字本

中华人民共和国
农村土地承包法

案例注释版

中国法制出版社
CHINA LEGAL PUBLISHING HOUSE

图书在版编目（CIP）数据

中华人民共和国农村土地承包法：案例注释版 / 中国法制出版社编．—北京：中国法制出版社，2024．1
（法律法规案例注释版系列；27）
ISBN 978-7-5216-4043-4

Ⅰ．①中…　Ⅱ．①中…　Ⅲ．①农村土地承包法-案例-中国　Ⅳ．①D922．325

中国国家版本馆 CIP 数据核字（2023）第 242530 号

责任编辑：谢雯　　封面设计：杨泽江

中华人民共和国农村土地承包法：案例注释版

ZHONGHUA RENMIN GONGHEGUO NONGCUN TUDI CHENGBAOFA：ANLI ZHUSHIBAN

经销/新华书店
印刷/河北华商印刷有限公司
开本/880 毫米×1230 毫米　32 开　　印张/ 5．375　字数/ 115 千
版次/2024 年 1 月第 1 版　　2024 年 1 月第 1 次印刷

中国法制出版社出版
书号 ISBN 978-7-5216-4043-4　　定价：25．00 元

北京市西城区西便门西里甲 16 号西便门办公区
邮政编码：100053　　传真：010-63141600
网址：http：//www．zgfzs．com　　编辑部电话：010-63141784
市场营销部电话：010-63141612　　印务部电话：010-63141606

（如有印装质量问题，请与本社印务部联系。）

出版说明

我国各级人民法院作出的生效裁判是审判实践的结晶，是法律适用在社会生活中真实、具体而生动的表现，是连接抽象法律与现实纠纷的桥梁。因此，了解和适用法律最好的办法，就是阅读、参考已发生并裁判生效的真实案例。从广大读者学法用法以及法官、律师等司法实务人员工作的实际需要出发，我们组织编写了这套“法律法规案例注释版”丛书。该丛书侧重“以案释法”，期冀通过案例注释法条的方法，将法律条文与真实判例相结合，帮助读者准确理解与适用法律条文，并领会法律制度的内在精神。

丛书最大的特点是：

一、专业性。丛书所编选案例的原始资料基本来源于各级人民法院已经审结并发生法律效力的裁判文书，从阐释法律规定的需要出发，加工整理而成。对于重点法条，则从全国人大常委会法工委等立法部门对条文的专业解读中提炼条文注释。

二、全面性。全书以主体法为编写主线，并辅之以条文主旨、条文注释、实用问答、典型案例、相关规定等，囊括了该法条的理论阐释和疑难问题，帮助读者全面理解法律知识体系。

三、示范性。裁判案例是法院依法对特定主体之间在特定时间、地点发生的法律纠纷作出的裁判，其本身具有真实性、指导性和示范性的特点。丛书选择的案例紧扣法律条文规定，精选了最高人民法院、最高人民检察院公布的指导案例等典型案例，对于读者有很强的参考借鉴价值。

四、实用性。每本书通过实用问答模块，以问答的方式解答实务中的疑难问题，帮助读者更好地解决实际问题。丛书设置“相关案例索引”栏目，列举更多的相关案例，归纳出案件要点，以期通过相关的案例，进一步发现、领会和把握法律规则、原则，从而作为解决实际问题的参考，做到举一反三。

五、便捷性。本丛书采用大字排版、双色印刷，清晰疏朗，提升了读者的阅读体验。我们还在部分分册的主体法律文件之后收录重要配套法律文件，以及相应的法律流程图表、文书等内容，方便读者查找和使用。

希望本丛书能够成为广大读者学习、理解和运用法律的得力帮手！

适用提示

农村土地承包是指对农民集体所有和国家所有依法由农民集体使用的耕地、林地、草地，以及其他依法用于农业的土地，采取农村集体经济组织内部的家庭承包方式，不宜采取家庭承包方式的荒山、荒沟、荒丘、荒滩等农村土地，采取招标、拍卖、公开协商等方式承包。

家庭承包经营是我国的一个伟大创举，在坚持土地等生产资料集体所有的前提下，把土地使用权承包给农户，确立了家庭经营的主体地位，赋予了农民充分的生产经营自主权。家庭承包经营和集体统一经营是相互依存的统一整体，家庭承包经营是我国农村集体经济组织内部的一个经营层次，是农村集体经济的一种有效经营方式。农民通过承包本集体的农村土地，取得土地承包经营权，从而对所承包的土地享有经营自主权、收益权和土地承包经营权流转的权利。

《中华人民共和国农村土地承包法》于 2002 年 8 月经第九届全国人民代表大会常务委员会第二十九次会议通过，自 2003 年 3 月 1 日起施行。2009 年 8 月 27 日第十一届全国人民代表大会常务委员会第十次会议作出决定，将法律中的“征用”修改为“征收、征用”。

农村土地承包法 2018 年 12 月 29 日第二次修正主要有以下

九个方面的内容：

（一）明确了农村集体土地所有权、土地承包权、土地经营权“三权分置”；

（二）明确了农村土地承包关系保持稳定并长久不变；

（三）明确了第二轮土地承包到期再延长三十年；

（四）明确了维护进城落户农民的土地承包经营权；

（五）明确了土地经营权可以融资担保；

（六）明确了承包经营权的入股权能；

（七）明确工商企业流转土地经营权的准入监管；

（八）明确妇女土地承包权益的保护；

（九）授权确认农村集体经济组织成员身份。

本书紧扣法律条文，在重点法条之后附上条文注释、实用问答、典型案例、相关案例索引及相关规定。条文注释及实用问答部分可以帮助读者加深对于农村土地承包法条文的理解。典型案例、相关案例索引部分收录了最高人民法院、最高人民检察院指导性案例、公报案例以及相关机构公布的农村土地承包相关案例。通过对该部分的学习，可以进一步领会和把握法律条文的适用，从而作为解决实际问题的参考。相关规定在主法条的基础上逐条穿插关联的现行有效的法律、行政法规、部门规章、司法解释等，以方便读者理解和适用。

目　录

中华人民共和国农村土地承包法

第一章　总　　则

第二章 家庭承包

第一节 发包方和承包方的权利和义务

第三章　其他方式的承包

第四章　争议的解决和法律责任

第五章 附 则

附录一

附录二

中华人民共和国农村土地承包法

（2002年8月29日第九届全国人民代表大会常务委员会第二十九次会议通过　根据2009年8月27日第十一届全国人民代表大会常务委员会第十次会议《关于修改部分法律的决定》第一次修正　根据2018年12月29日第十三届全国人民代表大会常务委员会第七次会议《关于修改〈中华人民共和国农村土地承包法〉的决定》第二次修正）

目　　录

第一章　总　　则

第一条　立法目的[①]

为了巩固和完善以家庭承包经营为基础、统分结合的双层经营体制，保持农村土地承包关系稳定并长久不变，维护农村土地承包经营当事人的合法权益，促进农业、农村经济发展和农村社会和谐稳定，根据宪法，制定本法。

第二条　农村土地范围

本法所称农村土地，是指农民集体所有和国家所有依法由农民集体使用的耕地、林地、草地，以及其他依法用于农业的土地。

条文注释

根据本条的规定，本法所称的农村土地，主要包括以下三种类型：

一是农民集体所有的耕地、林地、草地。农民集体所有的耕地、林地、草地是指所有权归集体的耕地、林地、草地。用于农业的土地中数量最多，涉及面最广。与每一个农民利益最密切的是耕地、林地和草地。这些农村土地，多采用人人有份的家庭承包方式，集体经济组织成员都有承包的权利。

二是国家所有依法由农民集体使用的耕地、林地、草地。国家所

① 条文主旨为编者所加，下同。

有依法由农民集体使用的耕地、林地、草地与农民集体所有的耕地、林地、草地的区别在于，前者的所有权属于国家，但依法由农民集体使用。

三是其他依法用于农业的土地。用于农业的土地，主要有耕地、林地和草地，还有一些其他依法用于农业的土地，如养殖水面、“四荒地”等。养殖水面主要是指用于养殖水产品的水面，养殖水面属于农村土地不可分割的一部分，也是用于农业生产的，所以也包括在本条所称的农村土地的范围之中。此外，还有荒山、荒丘、荒沟、荒滩等“四荒地”，“四荒地”依法是需要用于农业的，也属于本条所称的农村土地。

相关规定

《中华人民共和国民法典》第310、343条；《中华人民共和国土地管理法》第2、4条；《中华人民共和国草原法》第9、10条；《中华人民共和国森林法》第15条；《中华人民共和国渔业法》第11条

第三条 农村土地承包经营制度

国家实行农村土地承包经营制度。

农村土地承包采取农村集体经济组织内部的家庭承包方式，不宜采取家庭承包方式的荒山、荒沟、荒丘、荒滩等农村土地，可以采取招标、拍卖、公开协商等方式承包。

条文注释

本条规定的农村土地承包经营制度，包括两种承包方式，即家庭经营方式的承包和以招标、拍卖、公开协商等方式的承包。

农村土地承包采取农村集体经济组织内部的家庭承包方式。家庭

承包方式是指以农村集体经济组织的每一个农户家庭全体成员为一个生产经营单位，作为承包人承包农民集体的耕地、林地、草地等农业用地，对于承包地按照本集体经济组织成员是人人平等地享有一份的方式进行承包。

农村集体经济组织内部的家庭承包方式的主要特点如下：一是集体经济组织的每个人，不论男女老少，都平等享有承包本农民集体的农村土地的权利，除非他自己放弃这个权利。二是以户为生产经营单位承包，也就是以一个农户家庭的全体成员作为承包方，与本集体经济组织或者村委会订立一个承包合同，享有合同中约定的权利，承担合同中约定的义务。承包户家庭中的成员死亡，只要这个承包户还有其他人在，承包关系仍不变，由这个承包户中的其他成员继续承包。三是承包的农村土地对集体经济组织的每一个成员而言是人人有份的，这主要是指耕地、林地和草地，但不限于耕地、林地、草地。对于本集体经济组织的成员应当人人有份的农村土地，应当实行家庭承包的方式。

相关规定

《中华人民共和国民法典》第330、331条

第四条 农村土地承包后土地所有权性质不变

农村土地承包后，土地的所有权性质不变。承包地不得买卖。

条文注释

根据本条的规定，第一，农民对土地承包不是私有化，农民对所承包的土地不具有独立的土地所有权，土地所有权承包前属于农民集体所有的仍属于农民集体所有，承包前属于国家所有的仍属于国家所

有，土地所有权的性质不会因为土地承包而发生改变。第二，农民对其所承包的土地不得买卖，只能依照本法的规定对其互换、转让土地承包经营权或者流转土地经营权。

相关规定

《中华人民共和国民法典》第331条

第五条 承包权的主体及对承包权的保护

农村集体经济组织成员有权依法承包由本集体经济组织发包的农村土地。

任何组织和个人不得剥夺和非法限制农村集体经济组织成员承包土地的权利。

条文注释

本条第一款规定，农村集体经济组织成员有权依法承包由本集体经济组织发包的农村土地。本款规定主要有以下三个含义：（1）农村集体经济组织成员有权承包的土地是农村集体所有的土地以及国家所有依法由农民集体使用的农村土地。按照宪法和土地管理法等法律规定，农村和城市郊区的土地，除由法律规定属于国家所有的以外，属于农民集体所有；宅基地和自留地、自留山，属于农民集体所有。农民集体所有有三种主要形式：一是村农民集体所有；二是村内两个以上农村集体经济组织的农民集体所有；三是乡（镇）农民集体所有。农村土地主要包括耕地、林地、草地、荒山、荒沟、荒丘、荒滩、养殖水面等。（2）有权承包本集体经济组织发包土地的是本集体经济组织的成员。（3）本农村集体经济组织成员是指本集体经济组织内的所有成员。

本条第二款规定，任何组织和个人不得剥夺和非法限制农村集体经济组织成员承包土地的权利。因此，任何组织和个人不得以民族、种族、性别、职业、家庭出身、宗教信仰、教育程度、财产状况、居住期限等理由，剥夺和非法限制农村集体经济组织成员的承包权利。

典型案例

姬某民诉姬某英等土地承包经营权案[①]

国家对耕地实行统一登记，登记机构向承包方颁发土地承包经营权证并登记造册，确认土地承包经营权。本案中，《中华人民共和国农村土地承包经营权证》确认了原告姬某民对涉案土地的承包经营权。即原告已经依法享有对涉案土地的承包经营权不受任何组织和个人侵犯的权利。庭审中，四被告辩称该涉案土地2015年之前由四被告父亲及四被告耕种，因确权过程中登记错误暂时登记在原告名下，土地承包经营权证存在错误，其经营权证的取得不合法。依据《中华人民共和国农村土地承包法》第五条[②]“农村集体经济组织成员有权依法承包由本集体经济组织发包的农村土地”之规定，办理经营权证时，四被告的父母、弟弟均已亡故，其承包的涉案土地属于集体所有，应由第九村民小组重新分配给村集体成员。四被告户口迁出涉案土地所在的集体经济组织第九村民小组，当然不再是该农村集体经济组织成员，不能成为土地承包经营的主体，故对四被告主张涉案土地存在产权争议本院不予采信。

---

① 山东省济宁市中级人民法院（2021）鲁08民终5764号民事判决书，载中国裁判文书网，https：//wenshu. court. gov. cn/website/wenshu/181107ANFZ0BXSK4/index. html？docId=arQ0BuCRnZ+RJ0hjNtT47i76VtcrrxfAUHuJCyWdeddC1b1eWvuW7vUKq3u+IEo4xrhYIUL6n/HlIb6F6BMZlyN05NRB6QgWvb77MR4zDn7dfllLFH5WD0p5go/IqhmR，最后访问时间：2023年11月20日。

② 本书典型案例中的法律法规均为案件裁判时有效，以下不再提示。

相关规定

《中华人民共和国宪法》第6、8条；《中华人民共和国行政诉讼法》第12条

第六条 土地承包经营权男女平等

农村土地承包，妇女与男子享有平等的权利。承包中应当保护妇女的合法权益，任何组织和个人不得剥夺、侵害妇女应当享有的土地承包经营权。

条文注释

农村妇女在农村土地承包中的权利，主要体现在以下三个方面：一是作为农村集体经济组织的成员，妇女同男子一样有权承包本集体经济组织发包的土地。不能因为是妇女而不许其承包土地，也不能因为是妇女而不分配给其应有的承包地份额。二是妇女结婚的，其承包土地的权利受法律保护。三是在妇女离婚或者丧偶的情况下，仍在原居住地生活，或者不在原居住地生活但在新居住地未取得承包地的，原集体经济组织不得收回该妇女已经取得的原承包地。

典型案例

李某某诉某县某街道十九村村民委员会农业行政给付纠纷案（最高人民法院发布未成年人审判工作典型案例）[①]

李某某（女，汉族，2005年4月生）之母刘某系被告山东省某县某街道十九村居民，2001年12月20日与山东省寿光市李峰某在某县民政局登记结婚，婚后刘某户口并未迁出。原告出生后一直随母在

① 《最高人民法院2014年11月24日发布未成年人审判工作典型案例98例》，载最高人民法院网站，https：//www.court.gov.cn/zixun/xiangqing/13447.html，最后访问时间：2023年11月17日。

被告处居住，现因被告村内拆迁临时在外租赁房屋居住。2007 年 4 月 5 日，原告之母刘某与被告就原告户口管理事宜达成协议，被告同意将原告的户口落于本村，但只负责户籍管理，原告自愿放弃在今后日常生活中村民应享受的宅基地使用、土地分配和一切经济分配待遇。原告户口于 2007 年 4 月 27 日因补报往年出生落户于被告处。原告以未享受同等村民待遇为由，向法院提起行政诉讼，要求享有被告村民同等待遇及相应的经济补偿。经查，2010 年以来被告将村集体土地对外租赁收益分别以麦季口粮款、秋季口粮款的名义向村民每人发放集体经济收益款 1010 元、990 元，因文安路扩宽用地所得经济收益款向每人发放 2500 元。

山东省东营市利津县人民法院认为，根据《中华人民共和国村民委员会组织法》规定，村民委员会享有办理本村公共事务的职权，村民委员会对本村集体收益进行管理和分配的行为，属于依据法律授权履行行政职责的行为，故本案属于行政诉讼受案范围。原告出生地在广饶，于 2007 年 4 月 27 日因补报往年出生落户于被告处，且一直随母在被告处居住，应属于被告集体经济组织成员。原告之母刘某系被告村居民，原告随母在被告处落户符合法律规定，被告村不应为原告随母落户设置任何附加条件。被告与原告签订协议，同意接收原告落户，但由原告放弃宅基地申请权、土地承包权及其他待遇，违反了有关规定，原告应享有与户籍所在地其他村民同等的待遇。据此，依法判决被告某县某街道十九村村民委员会给付原告李某某 2010 年以来集体经济收益款 4500 元。

相关规定

《农村土地承包合同管理办法》第 5 条第 1 款

第七条 公开、公平、公正原则

农村土地承包应当坚持公开、公平、公正的原则，正确处理国家、集体、个人三者的利益关系。

条文注释

在进行农村土地家庭承包中，“公开”是指以下三个方面：一是进行承包活动的信息要公开。二是进行承包的程序要公开。三是承包方案和承包结果公开。

在进行农村土地家庭承包中，“公平”主要是指本集体经济组织成员依法平等地享有、行使承包本集体经济组织土地的权利。在确定承包方案时，应当民主协商，公平合理地确定发包方、承包方权利义务。

在进行农村土地家庭承包中，“公正”主要是指在承包过程中，要严格按照法定的条件和程序办事，同等地对待每一个承包方，不得暗箱操作，也不得厚此薄彼，亲亲疏疏。

典型案例

江苏镇江市丹徒区宝堰镇某村委会与镇江某生态农业开发有限公司土地承包经营权纠纷案（人民法院助推民营经济高质量发展典型民商事案例）①

2007 年，经江苏省镇江市丹徒区人民政府招商引资，镇江某生态农业开发有限公司（简称某公司）与该区某村村民委员会签订多份土地承包经营权转让协议，先期承包该村近 900 亩土地，计划投资 4.45

---

① 《人民法院助推民营经济高质量发展典型民商事案例》，载最高人民法院网站，https://www.court.gov.cn/zixun/xiangqing/320231.html？eqid=a9db90a50009cc7500000005648dd691，最后访问时间：2023 年 11 月 16 日。

亿元用于特色农业生产开发。合同签订后，某公司介绍已先后投入3亿余元用于拆迁、道路、机耕道、土地整形、生态沟渠、日光温室、苗木栽培等项目建设。后由于某公司法定代表人遭遇交通事故等原因，某公司自2015年起开始拖延支付土地流转使用费。2016年度的土地承包使用费由某村村委会提供担保，某公司向他人借款后支付给村委会，再由村委会发放给各农户；2017年度土地承包使用费由某公司向某村村委会借款70万元向各农户发放；2017年年底起，某村村委会又多次向某公司催要2018年度的土地租金未果，遂诉至法院要求解除合同，返还所承租的近900亩土地。

镇江市丹徒区人民法院一审认定某公司违约，判令解除合同并返还土地。镇江市中级人民法院二审认为，某公司在本案争议发生前，已经取得了相关部门的项目规划许可，并投入大量资金和人力用于项目建设。本案某公司的违约并未根本影响合同目的的实现，如果判令解除合同将造成社会资源的巨大浪费。二审法院积极与某村村委会沟通，分析某公司运营给村集体带来的经济利益，最终村委会同意就合同继续履行与某公司进行协商。之后，法院又积极联系某公司，提出改善经营的意见建议。经过多次耐心细致工作，最终村委会与某公司双方达成了调解协议，土地承包协议继续履行，某公司限期支付土地承包费。

第八条 集体土地所有者和承包方合法权益的保护

国家保护集体土地所有者的合法权益，保护承包方的土地承包经营权，任何组织和个人不得侵犯。

条文注释

国家保护集体土地所有者的合法权益主要表现在以下三个方面：

(1) 对集体所有的土地，依法确认所有权。(2) 保护农村集体经济组织依法对土地的经营管理权。(3) 对侵犯集体土地的行为，给予法律制裁。

国家保护承包方的土地承包经营权主要表现在以下八个方面：(1) 本法明确规定，农村集体经济组织成员有权依法承包由本集体经济组织发包的土地。 (2) 承包期内，发包方不得收回承包地。(3) 承包期内，发包方不得调整承包地。(4) 承包期内，承包方可以自愿将承包地交回发包方。(5) 承包方应得的承包收益，依照民法典继承编的规定继承。林地承包的承包方死亡，其继承人可以在承包期内继续承包。通过招标、拍卖、公开协商等方式取得土地经营权的，该承包人死亡，其应得的承包收益，依照民法典继承编的规定继承；在承包期内，其继承人可以继续承包。需要说明的是，土地承包是以农户家庭为单位，承包人是指承包土地的农户家庭，而不是指家庭中的某个成员。承包人死亡是指承包户家庭的人均已死亡的情况。承包耕地、草地的家庭中某一个人死亡，其他成员还在，不发生继承问题，仍由其他成员承包；家庭成员均已死亡的，其承包经营权终止，承包经营权不再由该承包户以外的其他亲属继承。由于林地的承包具有收益慢、周期长、风险大等特点，因此林地承包的承包人死亡，承包户以外的继承人可以在承包期内继续承包。(6) 家庭承包中的承包方承包土地后，享有土地承包经营权，可以自己经营，也可以保留土地承包权，流转其承包地的土地经营权，由他人经营。(7) 发包方违反承包合同，给承包方造成损失的，承包方有权要求发包方承担赔偿损失等违约责任。(8) 任何组织和个人侵害土地承包经营权的，都应当承担法律责任。

第九条 “三权”分置

承包方承包土地后，享有土地承包经营权，可以自己经营，也可以保留土地承包权，流转其承包地的土地经营权，由他人经营。

条文注释

“三权分置”是农村土地经营方式在改革过程中两次“两权分离”的结果：第一次“两权分离”，农户通过家庭承包的方式，从集体土地所有权中分离出土地承包经营权。第二次“两权分离”，承包方通过出租（转包）、入股等方式，将承包地流转给他人经营，从土地承包经营权中分离出土地经营权。

本条规定从法律上确认两次“两权分离”造成的经营方式的转变，并赋予受让方以土地经营权，实现法律上的平等保护：

（1）承包方享有土地承包经营权。土地承包经营权是一种用益物权。承包方享有的土地经营权的具体包括权利包括：依法享有直接支配和排他占有承包地的权利；依法享有承包地使用、收益的权利，有权自主组织生产经营和处置产品；依法互换、转让土地承包经营权；依法流转土地经营权；承包地被依法征收、征用、占用的，有权依法获得相应的补偿；承包期内，发包方不得调整承包地，因自然灾害严重毁损承包地等特殊情形需要个别调整的，应当依照法定程序进行；承包期内，发包方不得收回承包地；等等。

（2）承包方自己经营。自己经营就是承包户以家庭成员为主要劳动力，在自己所承包的农村土地上直接从事农业生产经营。这是农村土地最主要的经营方式。

（3）承包方保留土地承包权，流转土地经营权。承包方除自己经营外，还可以通过与他人签订合同，将土地经营权流转给他人，由他人经营。土地经营权是从土地承包经营权中派生出来的新的权利。从法律性质上而言，土地承包经营权人流转土地经营权后，其所享有的土地承包经营权并未发生改变，只是承包方行使土地承包经营权的方式发生了改变而已，从直接行使转变为间接行使。2018 年 12 月 29 日农村土地承包法修改，对“流转”的法律性质进行了修改，流转的对象仅限于流转土地经营权，不再保留土地承包经营权；流转的方式限于转包（出租）、入股或者其他方式，而不再包括互换和转让。土地承包经营权仍可以在本集体经济组织内部互换或者转让。

（4）受让方享有土地经营权。土地经营权人有权在合同约定的期限内占有农村土地，自主开展农业生产经营并取得收益。具体包括：有权使用流转土地自主从事农业生产经营并获得相应收益；经承包方同意，可依法依规改良土壤、提升地力，建设农业生产、附属、配套设施，并按照合同约定获得合理补偿；经承包方书面同意，并向本集体经济组织备案，土地经营权人可以再流转土地经营权，或者以土地经营权向金融机构融资担保；等等。

典型案例

某建设工程公司土地承包纠纷系列案（人民法院能动司法（执行）典型案例）[①]

2014 年，某建设工程公司与上海市崇明区某村 11 个村民小组签订土地承包经营权流转合同，约定承租各村民小组土地共 468 亩，因经营不善拖欠租金，11 个村民小组分别向法院提起诉讼。2021 年，法院最终判决解除双方签订的土地承包经营权流转合同，某建设工程

① 《人民法院能动司法（执行）典型案例》，载最高人民法院网站，https：//www.court.gov.cn/zixun/xiangqing/400222.html，最后访问时间：2023 年 11 月 16 日。

公司将承租的468亩土地平复还耕后腾退返还给各村民小组，并支付逾期未付的租金。判决生效后，某建设工程公司未履行义务，11个村民小组分别向崇明法院申请强制执行，要求某建设工程公司腾退土地并支付欠付的租金。

崇明法院于2022年1月9日立案执行。经调查，被执行人除涉案土地上的林木外，无其他可供执行的财产。崇明法院于2022年3月9日依法查封了被执行人在涉案土地上的林木，并张贴腾退公告，限期要求被执行人履行义务。

经调查发现，涉案土地上的林木包括樱花树、香樟树、榉树等在内共27种近35万株，品种多样数量繁多，且部分品种有一定稀缺性，具有相当的经济价值及生态价值。若强行腾退，不仅工程量巨大，而且也易造成苗木死亡、土壤破坏，可能引发次级生态灾害，不利于土地的可持续发展。若对地上林木进行评估拍卖，一方面评估费用不菲且面临流拍风险，另一方面拍卖成交后仍需对林木进行腾退，生态资源仍面临破坏之虞。

为此，崇明法院多次召集双方就本案租金支付、土地腾退进行协商，并会同镇政府等相关职能部门召开联席会议，就案件化解寻求最优解决方案。经崇明法院积极协调，涉案土地所在镇政府对土地进行公开招租，成功引入第三方公司对林木进行整体收购，并与村民小组就涉案土地签订土地流转合同。至此，被执行人所欠土地租金得以全部支付完毕，本案得到妥善解决。

相关规定

《农村土地承包合同管理办法》第17条

第十条 土地经营权流转的保护

国家保护承包方依法、自愿、有偿流转土地经营权，保护土地经营权人的合法权益，任何组织和个人不得侵犯。

条文注释

本条明确承包方流转土地经营权的权利受到法律保护，但只是作了原则性规定，对流转土地经营权的保护，其他条文还有配套的具体规定。主要有：本法第十七条第三项规定，承包方的权利包括依法流转土地经营权；第三十六条规定，承包方可以自主决定流转方式；第六十条、第六十一条、第六十五条等条文还规定了侵害流转土地经营权的法律后果。

保护土地经营权人的合法权益，可以从两个方面来理解：一方面，土地经营权流转的受让方与承包方签订了流转合同，作为合同当事人，土地经营权人的权利受到民法典（合同编）等相关法律的保护。另一方面，受让方通过签订流转合同，合同生效后，即依法取得了土地经营权。

第十一条 土地资源的保护

农村土地承包经营应当遵守法律、法规，保护土地资源的合理开发和可持续利用。未经依法批准不得将承包地用于非农建设。

国家鼓励增加对土地的投入，培肥地力，提高农业生产能力。

● 条文注释

各级人民政府应当依据国民经济和社会发展规划、国土整治和资源环境保护的要求、土地供给能力以及各项建设对土地的需求，组织编制土地利用总体规划。土地利用总体规划的规划期限由国务院规定。

国家实行永久基本农田保护制度。下列耕地应当根据土地利用总体规划划为永久基本农田，实行严格保护：（1）经国务院农业农村主管部门或者县级以上地方人民政府批准确定的粮、棉、油、糖等重要农产品生产基地内的耕地；（2）有良好的水利与水土保持设施的耕地，正在实施改造计划以及可以改造的中、低产田和已建成的高标准农田；（3）蔬菜生产基地；（4）农业科研、教学试验田；（5）国务院规定应当划为永久基本农田的其他耕地。各省、自治区、直辖市划定的永久基本农田一般应当占本行政区域内耕地的百分之八十以上，具体比例由国务院根据各省、自治区、直辖市耕地实际情况规定。

国家鼓励土地整理。县、乡（镇）人民政府应当组织农村集体经济组织，按照土地利用总体规划，对田、水、路、林、村综合整治，提高耕地质量，增加有效耕地面积，改善农业生产条件和生态环境。地方各级人民政府应当采取措施，改造中、低产田，整治闲散地和废弃地。

作为集体土地的所有人和土地承包的当事人，发包方应当：（1）监督承包方依照承包合同约定的用途合理利用和保护土地，制止承包方损害承包地和农业资源的行为，如占用永久基本农田发展林果业和挖塘养鱼等。如果承包方给承包地造成永久损害的，发包方有权制止，并有权要求承包方赔偿由此造成的损失。同时，发包方还应当监督土地经营权人损害承包地和农业资源的行为，如果土地经营权人擅自改变土地的农业用途、弃耕抛荒连续两年以上、给土地造成严重损害或者严重破坏土地生态环境，承包方在合理期限内不解除土地经营权流转合同的，发包方有权要求终止土地经营权流转合同。(2) 执行县、乡（镇）土地利用规划，组织本集体经济组织内的农业基础设施建设，对田、水、路、林、村综合整治，提高耕地质量，增加有效耕地面积，改善农业生产条件和生态环境。维护排灌工程设施，改良土壤，提高地力，防止土地荒漠化、盐渍化、水土流失和污染土地。(3) 切实履行承包合同，保证承包方对土地的投入，培肥地力，提高农业生产能力的积极性。例如，耕地的承包期为30年，在承包期内，发包方不得违法收回、调整承包地；在承包期内，承包方交回承包地时，发包方对其在承包地上投入而提高土地生产能力的，发包方应当给予补偿。

承包方应当：(1) 按照承包合同中确定的土地用途使用土地。承包土地的目的就是从事种植等农业生产，禁止改变农用土地的用途，不得将其用于非农业建设。例如，不得在耕地上建窑、建坟或者擅自在耕地上建房、挖砂、采石、采矿、取土等。从保护耕地的角度，承包方不得占有永久基本农田发展林果业和挖塘养鱼。承包方违法将承包地用于非农建设的，由县级以上人民政府有关部门予以处罚。(2) 增加土地的投入，禁止掠夺性开发。承包方应当合理地增肥地力，这样一方面提高土地生产力，发挥土地最大效益，从而提高农作物的产量，增加自己的收入；另一方面，提高土地质量，保证农业生产的可持续发展，造福子孙后代。(3) 合理利用土地，不得给土地造成永久性损害。例如，为了片面追求短期内的生产效益，有的承包方在承包地上大量施用化肥和农药，结果导致土壤污染，生产能力下降；有的承包方擅自改变农用地的用途，如在耕地上建房、窑等建筑物，对耕地造成难以恢复的损害。承包方给土地造成永久性损害的，应当承担赔偿损失等法律责任。

土地经营权人应当：（1）按照土地经营权流转合同中确定的土地用途使用土地。土地经营权人有权占有农村土地，自主开展农业生产经营并取得收益，但不得改变土地的农业用途。土地经营权人违法将承包地用于非农建设的，由县级以上地方人民政府有关主管部门依法予以处罚。（2）增加土地的投入，禁止掠夺性开发。土地经营权人可以依法投资改良土壤，增肥地力，建设农业生产附属、配套设施等，并按照合同约定对其投资部分获得合理补偿。（3）合理利用土地，不得破坏农业综合生产能力和农业生态环境。如果土地经营权人擅自改变土地的农业用途、弃耕抛荒连续两年以上、给土地造成严重损害或者严重破坏土地生态环境的，承包方可以解除土地经营权流转合同，承包方在合理期限内不解除土地经营权流转合同的，发包方有权要求终止土地经营权流转合同。土地经营权人对土地和土地生态环境造成的损害应当予以赔偿。

● 典型案例

宋某友非法采砂案（最高人民法院发布人民法院依法惩处盗采矿产资源犯罪典型案例）①

2018 年 12 月，被告人宋某友以售砂获利为目的，承包河南省濮阳市经济技术开发区某村 15 户村民的集体土地。2019 年 1 月至 11 月，在未取得采砂许可证的情况下，宋某友在承包的土地内挖砂，通过胡某、靳某龙等人销售获利。经鉴定，宋某友非法采砂 19955.37 立方米，造成矿产资源破坏价值 518840 元。其间，濮阳市国土资源

① 《人民法院依法惩处盗采矿产资源犯罪典型案例》，载最高人民法院网站，https://www.court.gov.cn/zixun-xiangqing-364901.html，最后访问时间：2023 年 11 月 16 日。

局经济技术开发区分局对宋某友非法采砂行为进行了查处，给予罚款65997元的行政处罚。2020年12月，宋某友到公安机关投案，主动退缴违法所得3万元。经评估，涉案土地复垦费用为342816.72元，宋某友已缴纳该款项。

检察机关提起附带民事公益诉讼。

河南省南乐县人民法院认为，被告人宋某友违反矿产资源法的规定，未取得采矿许可证擅自采砂，情节严重，构成非法采矿罪。宋某友构成自首，依法可以从轻或者减轻处罚。其自愿认罪认罚，主动缴纳生态环境修复费用，依法可以酌情从轻处罚。宋某友被行政主管机关处罚，与本案系同一事实，行政罚款65997元予以折抵罚金。宋某友非法采矿破坏生态环境，损害国家和社会公共利益，应当承担民事赔偿责任。判处宋某友有期徒刑一年，并处罚金6万元；没收退缴的违法所得3万元；赔偿生态修复费用342816.72元（已缴纳）。该判决已生效。

相关规定

《中华人民共和国土地管理法》第3、4条；《中华人民共和国土地管理法实施条例》第23-25条；《中华人民共和国草原法》第3、4、6、7条；《中华人民共和国森林法》第11条

第十二条　土地承包管理部门

国务院农业农村、林业和草原主管部门分别依照国务院规定的职责负责全国农村土地承包经营及承包经营合同管理的指导。

县级以上地方人民政府农业农村、林业和草原等主管部门分别依照各自职责，负责本行政区域内农村土地承包经营及承包经营合同管理。

乡（镇）人民政府负责本行政区域内农村土地承包经营及承包经营合同管理。

第二章 家庭承包

第一节 发包方和承包方的权利和义务

第十三条 发包主体

农民集体所有的土地依法属于村农民集体所有的，由村集体经济组织或者村民委员会发包；已经分别属于村内两个以上农村集体经济组织的农民集体所有的，由村内各该农村集体经济组织或者村民小组发包。村集体经济组织或者村民委员会发包的，不得改变村内各集体经济组织农民集体所有的土地的所有权。

国家所有依法由农民集体使用的农村土地，由使用该土地的农村集体经济组织、村民委员会或者村民小组发包。

条文注释

农民集体所有的土地发包方的确定有两种情况：

（1）农民集体所有的土地，依法属于村农民集体所有的，由村集体经济组织或者村民委员会发包。这里的“村”指行政村，即设立村民委员会的村，而不是指自然村。农民集体所有的土地，依法属于村农民集体所有，是指属于行政村农民集体所有。农民集体所有的土地，由村集体经济组织或者村民委员会发包。

（2）已经分别属于村内两个以上农村集体经济组织的农民集体所有的，由村内各该农村集体经济组织或者村民小组发包。这里的村民小组是指行政村内由村民组成的组织，它是村民自治共同体内部的一种组织形式，相当于原生产队的层次。本条规定“已经分别属于村内两个以上农村集体经济组织的农民集体所有的”土地是指该土地原先分别属于两个以上的生产队，现在其土地仍然分别属于相当于原生产队的各该农村集体经济组织或者村民小组的农民集体所有。已经分别属于村内两个以上农村集体经济组织的农民集体所有的，由村内各该农村集体经济组织或者村民小组发包。

村集体经济组织或者村民委员会发包的，不得改变村内各集体经济组织农民集体所有的土地的所有权。这里的“村内各集体经济组织农民集体所有的土地”是指前面提到的“已经分别属于村内两个以上农村集体经济组织的农民集体所有的”土地。按照“谁所有，谁发包”的原则，应当由村内各该农村集体经济组织或者村民小组发包。但是，许多村民小组也不具备发包的条件，或者由其发包不方便，实践中由村集体经济组织或者村民委员会代为发包。虽然由村集体经济组织或者村民委员会代为发包，但并不能因此改变所有权关系。

国家所有依法由农民集体使用的农村土地，由农村集体经济组织、村民委员会或者村民小组发包。具体由谁发包，应当根据该土地的具体使用情况而定。由村农民集体使用的，由村集体经济组织发包，村集体经济组织未设立的，由村民委员会发包。由村内两个以上集体经济组织的农民集体使用的，由村内各集体经济组织发包，村内各集体经济组织未设立的，由村民小组发包。村内各集体经济组织或者村民小组发包有困难或者不方便的，也可以由村集体经济组织或者村民委员会代为发包。

第十四条 发包方的权利

发包方享有下列权利：

（一）发包本集体所有的或者国家所有依法由本集体使用的农村土地；

（二）监督承包方依照承包合同约定的用途合理利用和保护土地；

（三）制止承包方损害承包地和农业资源的行为；

（四）法律、行政法规规定的其他权利。

条文注释

本条规定的这几项权利分别说明如下：(1) 发包本集体所有的或者国家所有依法由本集体使用的农村土地的权利。这是发包方的发包权，是享有其他权利的前提。发包方可以发包的土地有两类：一类是本集体所有的农村土地，另一类是国家所有依法由本集体使用的农村土地。第二类土地发包人虽然不是所有人，也享有法律赋予的发包权。(2) 监督承包方依照承包合同约定的用途合理利用和保护土地的权利。(3) 制止承包方损害承包地和农业资源的行为的权利。(4) 法律、行政法规规定的其他权利。这是一项兜底的规定。例如，本法第45条第2款规定："工商企业等社会资本通过流转取得土地经营权的，本集体经济组织可以收取适量管理费用。"

第十五条 发包方的义务

发包方承担下列义务：

（一）维护承包方的土地承包经营权，不得非法变更、解除承包合同；

（二）尊重承包方的生产经营自主权，不得干涉承包方依法进行正常的生产经营活动；

（三）依照承包合同约定为承包方提供生产、技术、信息等服务；

（四）执行县、乡（镇）土地利用总体规划，组织本集体经济组织内的农业基础设施建设；

（五）法律、行政法规规定的其他义务。

典型案例

黑龙江省讷河市某街道某村村民委员会诉苏某祥农村土地承包合同纠纷案（最高人民法院发布2019年度人民法院环境资源民事典型案例）①

2006年3月，黑龙江省讷河市某街道某村村民委员会（以下简称某村委会）与苏某祥签订一份《草原承包合同书》，将草原104亩发包给苏某祥，期限30年，收取承包费7020元。2007年2月6日，经行政主管部门批准，黑龙江省讷河市雨亭国家湿地公园被列为国家城市湿地公园，苏某祥承包的草原包含在内。2019年2月1日，讷河市自然资源局对某村委会下发通知，要求其将包含湿地的发包合同解除、迁出承包户，恢复土地原始地貌，做好湿地环境保护。某村委会

① 《2019年度人民法院环境资源典型案例》，载最高人民法院网站，https：//www.court.gov.cn/zixun/xiangqing/228361.html，最后访问时间：2023年11月17日。

诉至法院，要求解除《草原承包合同书》，苏某祥迁出湿地。

黑龙江省讷河市人民法院一审认为，《草原承包合同书》合法有效，合同履行过程中，因案涉地块被划归为国家湿地公园范围内，客观情况发生了当事人在订立合同时无法预见的、非不可抗力造成的不属于商业风险的重大变化，合同目的不能实现，应予解除。某村委会应将剩余期限的承包费退还给苏某祥。苏某祥应迁出湿地，其因迁出湿地受有损失的，可另行主张。一审判决，解除《草原承包合同书》，某村委会退还苏某祥土地承包费2250元，苏某祥迁出湿地。黑龙江省齐齐哈尔市中级人民法院二审维持原判。

相关规定

《中华人民共和国民法典》第336、337条

第十六条 承包主体和家庭成员平等享有权益

家庭承包的承包方是本集体经济组织的农户。

农户内家庭成员依法平等享有承包土地的各项权益。

典型案例

1. 某种业科技有限公司诉秦永某侵害植物新品种权纠纷案[1]

某种业科技有限公司（以下简称某种业公司）为水稻新品种“××9108”的独占实施许可人，有权以自己名义对侵害水稻“××9108”植物新品种权的单位和个人追究法律责任。某种业公司认为秦永某未经许可擅自生产、销售“××9108”水稻种子的行为侵害了其独占实施的被许可权，诉请判令秦永某停止侵权并赔偿经济损失50万元。

---

① 《人民法院种业知识产权司法保护典型案例（第二批）》，载最高人民法院网站，https：//www. court. gov. cn/zixun-xiangqing-353521. html，最后访问时间：2023年11月17日。

秦永某辩称，其利用自留种子生产商品粮的行为属于法律规定的“农民自繁自用”情形，不构成对“××9108”水稻新品种权的侵害。

江苏省南京市中级人民法院一审认为，秦永某通过土地流转，获得经转包的土地经营权达973.2亩，已不是以家庭联产承包责任制的形式签订农村土地承包合同的农民，而是一种新型的农业生产经营主体（俗称种粮大户）。该类经营主体将他人享有品种权的授权品种用于生产经营活动的，应当取得品种权人的许可，否则构成侵权。故判令秦永某停止侵权并赔偿经济损失。最高人民法院二审认为，秦永某经营的土地面积高达900余亩，其在该面积土地上进行耕种、收获粮食后售出以赚取收益的行为，不再仅仅是为了满足其个人和家庭生活的需要，而是具有商业目的。从秦永某享有经营权的土地面积、种植规模、粮食产量以及收获粮食的用途来看，其已远远超出普通农民个人以家庭为单位、依照家庭联产承包责任制承包土地来进行种植的范畴，原审法院将其认定为一种新型农业生产经营主体，具有事实依据和法律依据。若允许秦永某播种上述面积土地所使用的繁殖材料均由自己生产、自己留种而无需向品种权人支付任何费用，无疑会给包括某种业公司在内的涉案品种权利人造成重大经济损失，损害其合法权益。由于秦永某在其通过转包获得经营权的973.2亩土地上进行耕种，未经许可生产“××9108”水稻种子并留作第二年播种使用的行为，不属于法律规定的“农民自繁自用”情形，应当取得涉案品种权利人的同意，并向品种权人或经授权的企业或个人支付费用。因现有证据仅能证明秦永某存在生产行为，不能证明其实施了销售侵权种子的行为，故对原审判决赔偿数额予以酌情调整。

2. 李某祥诉李某梅继承权纠纷案（《最高人民法院公报》2009 年第 12 期）

原告与被告李某梅系姐弟关系。1998 年 2 月 13 日，原告父亲李圣某将其承包的农田 3.08 亩转包给同村村民芮国某经营，因李圣某不识字，转包合同由李某梅代签。后李圣某于 2004 年去世，去世前将上述 3.08 亩农地的承包证交给原告，并言明该 3.08 亩土地由本人和李某梅共同继承，每人一半。但李某梅一直将该 3.08 亩土地全部据为已有。原告曾多次与李某梅协商，李某梅均不同意返还。请求判令原告对该 3.08 亩土地中的 1.54 亩土地享有继承权，判令被告向原告交付该部分土地。

法院认为，根据《中华人民共和国农村土地承包法》第十五条（现为第十六条）的规定，农村土地家庭承包的，承包方是本集体经济组织的农户，其本质特征是以本集体经济组织内部的农户家庭为单位实行农村土地承包经营。家庭承包方式的农村土地承包经营权属于农户家庭，而不属于某一个家庭成员。根据《中华人民共和国继承法》第三条（对应《中华人民共和国民法典》第一千一百二十二条）的规定，遗产是公民死亡时遗留的个人合法财产。农村土地承包经营权不属于个人财产，故不发生继承问题。除林地外的家庭承包，当承包农地的农户家庭中的一人或几人死亡，承包经营仍然是以户为单位，承包地仍由该农户的其他家庭成员继续承包经营；当承包经营农户家庭的成员全部死亡，由于承包经营权的取得是以集体成员权为基础，该土地承包经营权归于消灭，不能由该农户家庭成员的继承人继续承包经营，更不能作为该农户家庭成员的遗产处理。

3. **宋某昌与臧某冰排除妨害纠纷案**［辽宁省沈阳市中级人民法院（2022）辽01民终17288号民事判决］①

土地家庭承包的承包主体是本集体经济组织的农户，农户内家庭成员依法平等享有承包权。与发包方之间签订土地承包合同的是农户。家庭承包为基础的经营方式是我国农村集体经济的基本经营制度。家庭承包，即以农户家庭全体人员为单位承包农村土地。本法所称的农户，是农村中以血缘和婚姻关系为基础组成的农村最基层的社会单位，即《中华人民共和国民法典》第五十五条规定的农村承包经营户。虽然发包人将农村土地发包给农户时是按照每户成员的人数来确定承包土地的份额，即"按户承包，按人分地"，但是在签订土地承包合同的时候，是由家庭全体成员的代表以户的名义与发包人签订合同的。在制作土地承包经营权证书时，县级以上地方人民政府应当按照家庭户制作证书并且将承包方家庭的成员情况都填写完整。在家庭承包纠纷诉讼中，承包方是指以家庭承包方式承包本集体经济组织农村土地的农户以及以其他方式承包农村土地的单位或者个人，并以土地承包经营权证等证书来确认农户身份。

第十七条 承包方的权利

承包方享有下列权利：

（一）依法享有承包地使用、收益的权利，有权自主组织生产经营和处置产品；

（二）依法互换、转让土地承包经营权；

① 辽宁省沈阳市中级人民法院（2022）辽01民终17288号民事判决，载中国裁判文书网，https：//wenshu. court. gov. cn/website/wenshu/181107ANFZ0BXSK4/index. html？docId=fEJK6mZ0fL31ZqV9iHXkD00sSd14oTAOsXyqF6b+QwzXa61ENV/Z6vUKq3u+IEo4xrhYIUL6n/HlIb6F6BMZlyN05NRB6QgWvb77MR4zDn7lmI9u08qve7PyeIheIvpR，最后访问时间：2023年11月20日。

（三）依法流转土地经营权；

（四）承包地被依法征收、征用、占用的，有权依法获得相应的补偿；

（五）法律、行政法规规定的其他权利。

条文注释

根据本条的规定，承包方享有以下权利：

1. 依法享有承包地使用、收益的权利，有权自主组织生产经营和处置产品。

这项权利主要包括以下三个方面的内容：（1）依法对承包地享有使用的权利。对承包土地的使用不仅表现为进行传统意义上的耕作、种植等，因进行农业生产而修建的必要的附属设施，如建造沟渠、修建水井等构筑物，也应是对承包土地的一种使用。所修建的附属设施的所有权应当归承包人享有。（2）依法获取承包地收益的权利。收益权就是承包方有获取承包地上产生的收益的权利，这种收益主要是从承包地上种植的农作物以及养殖畜牧中所获得的利益，例如果树产生的果实，粮田里产出的粮食。（3）自主组织生产经营和处置产品的权利。自主组织生产经营是指农户可以在法律规定的范围内决定如何在土地上进行生产经营，如选择种植的时间、品种等；产品处置权是指农户可以自由决定农产品是否卖，如何卖，卖给谁等。

2. 依法互换、转让土地承包经营权。

承包方承包土地后，可以行使承包经营权，自己经营；也可以将承包地依法互换、转让。

3. 依法流转土地经营权。

承包方对土地经营权依法进行流转有利于农村经济结构的调整，

也有利于维护农村土地承包关系的长期稳定。“三权分置”改革的核心问题是家庭承包的承包户在经营方式上发生转变，即由农户自己经营，转变为保留土地承包权，将承包地流转给他人经营，实现土地承包经营权和土地经营权的分离。

4. 承包地被依法征收、征用、占用的，有权依法获得相应的补偿。

征收土地是国家为了社会公共利益的需要，将集体所有的土地转变为国有土地的一项制度。根据《中华人民共和国民法典》第二百四十三条第二款的规定，征收集体所有的土地，应当依法及时足额支付土地补偿费、安置补助费以及农村村民住宅、其他地上附着物和青苗等的补偿费用，并安排被征地农民的社会保障费用，保障被征地农民的生活，维护被征地农民的合法权益。征用是国家强制使用单位、个人的财产。对于征用，根据《中华人民共和国民法典》第二百四十五条的规定，因抢险救灾、疫情防控等紧急需要，依照法律规定的权限和程序可以征用组织、个人的不动产或者动产。被征用的不动产或者动产使用后，应当返还被征用人。组织、个人的不动产或者动产被征用或者征用后毁损、灭失的，应当给予补偿。占用是指兴办乡镇企业和村民建设住宅经依法批准使用本集体经济组织农民集体所有的土地或者乡（镇）村公共设施和公益事业建设经依法批准使用农民集体所有土地的行为。

典型案例

某公司与某社区居民委员会等确认合同无效纠纷案①

2018年2月，某社区居民委员会（以下简称居委会）、某农业观

① 《黄河流域生态环境司法保护典型案例》，载最高人民法院网站，https://www.court.gov.cn/xinshidai-xiangqing-333241.html，最后访问时间：2023年11月17日。

光专业合作社（以下简称合作社）与某公司签订土地承包经营合同，将合作社享有承包经营权的位于济南市天桥区鹊山东社区约176亩土地发包给某公司，期限30年，承包费每亩每年1000元整，某公司修建267个生态农业大棚及配套用房，出租后向专业合作社按一个大棚缴纳2000元费用作为合作利益所得。合同签订后，合作社将涉案土地交付某公司，某公司遂在涉案土地上建设了混浆混水砖墙及钢架结构式大棚、砖混结构管理房。2018年5月24日，济南黄河河务局执法部门向某公司作出行政处罚决定，以某公司在黄河河道管理范围内建设砖混结构管理房、对河道行洪造成影响为由，作出行政处罚。2019年1月9日，某公司诉至济南市天桥区人民法院，请求确认涉案土地承包经营合同无效，居委会、合作社返还其此前交纳的租金90万元并赔偿其经济损失80万元。

山东省济南市天桥区人民法院一审判决：解除双方土地承包经营合同；某公司于判决生效后30日内将承包土地恢复原状并返还合作社；居委会、合作社共同返还某公司租金45万元，并赔偿某公司损失8.78万元。济南市中级人民法院二审维持原判。山东省高级人民法院指令再审后，济南市中级人民法院再审判决：确认案涉土地承包经营合同无效，某公司对土地恢复原状并予以返还，合作社以及居委会返还租金80万元，赔偿某公司经济损失8.78万元。

● 相关案例索引

陈某棕诉某村一组、某村村民委员会征地补偿款分配纠纷案（《最高人民法院公报》2005第10期）

依照土地管理法和土地承包法的规定，承包土地的农民到小城镇落户后，其土地承包经营权可以保留或者依法流转；该土地如果被征用，承包土地的农民有权获得征地补偿款。

相关规定

《中华人民共和国民法典》第243、245条；《中华人民共和国土地管理法》第30-43条

第十八条　承包方的义务

承包方承担下列义务：

（一）维持土地的农业用途，未经依法批准不得用于非农建设；

（二）依法保护和合理利用土地，不得给土地造成永久性损害；

（三）法律、行政法规规定的其他义务。

条文注释

本条规定承包方应当承担以下义务：

（1）维持土地的农业用途，未经批准不得用于非农建设。这里的“农业用途”是指将土地直接用于农业生产，从事种植业、林业、畜牧业、渔业生产。“非农建设”是指将土地用于农业生产目的以外的建设活动，例如在土地上建造房屋、建造工厂等。需要强调的是，要求承包方维护土地的农业用途，不得用于非农建设，并不是对承包方土地承包经营权的不合理限制。承包方在农业用途的范围内可以自由决定种什么，怎么种，如承包方可以在承包土地上种蔬菜，种粮食，还可以种其他经济作物。

（2）依法保护和合理利用土地，不得给土地造成永久性损害。这里所讲的依法保护土地是指作为土地使用人的承包方对土地生产能力进行保护，保证土地生态环境的良好性能和质量。合理利用土地是指承包方在使用土地的过程中，通过科学使用土地，使土地的利用与其

自然的、社会的特性相适应，充分发挥土地要素在生产活动中的作用，以获得最佳的经济、生产、生态的综合效益。具体来说，要做到保护耕地、保护土地生态环境、提高土地利用率、防止水土流失和盐碱化。“永久性损害”是指使土地不再具有生产能力、不能再被利用的损害，例如在土地上过度使用化肥或向土地长期排污，使土地不能被利用。

● *相关规定*

《中华人民共和国民法典》第 334 条；《中华人民共和国土地管理法》第 38 条

第二节　承包的原则和程序

第十九条　土地承包的原则

土地承包应当遵循以下原则：

（一）按照规定统一组织承包时，本集体经济组织成员依法平等地行使承包土地的权利，也可以自愿放弃承包土地的权利；

（二）民主协商，公平合理；

（三）承包方案应当按照本法第十三条的规定，依法经本集体经济组织成员的村民会议三分之二以上成员或者三分之二以上村民代表的同意；

（四）承包程序合法。

实用问答

问：合同出现争议采取什么方式解决？[1]

答：因土地经营权流转发生纠纷的，双方当事人可以通过协商解决，也可以请求村民委员会、乡（镇）人民政府等调解解决。当事人不愿意协商、调解或者协商、调解不成的，可以向农村土地承包仲裁机构申请仲裁，也可以直接向人民法院起诉。

关于向农村土地承包仲裁机构申请仲裁，依据《中华人民共和国农村土地承包经营纠纷调解仲裁法》，各县（区）一般都设有仲裁机构，受理农村土地承包经营纠纷。当事人申请仲裁，应当向纠纷涉及土地所在地的农村土地承包经营纠纷仲裁委员会递交仲裁申请书。仲裁申请书应当载明申请人和被申请人的基本情况，仲裁请求和所根据的事实、理由，并提供相应的证据和证据来源。各当事人在仲裁后，如不服仲裁裁决的，可以自收到裁决书之日起三十日内向人民法院起诉。逾期不起诉的，裁决书即发生法律效力，当事人不得再向人民法院提起诉讼。一方当事人逾期不履行的，另一方当事人可以向被申请人住所地或者财产所在地的基层人民法院申请执行。

典型案例

安某堂等五十四人诉山西省五台县某界村民委员会及第三人郭某华、张某如确认林地承包合同效力纠纷案（森林资源民事纠纷典型案例）[2]

2009 年，被告山西省五台县某界村民委员会（以下简称某界村

---

① 参见《农业农村部负责人答记者问：规范流转行为 促进有序流转》，载农业农村部网站，http：//www. moa. gov. cn/xw/bmdt/202110/t20211028_ 6380669. htm，最后访问时间：2023 年 11 月 20 日。

② 《森林资源民事纠纷典型案例》，载最高人民法院网站，https：//www. court. gov. cn/zixun-xiangqing-362321. html，最后访问时间：2023 年 11 月 16 日。

委会）与第三人张某如、郭某华签订《林权买卖合同》约定：因硬化通村路工程项目资金短缺，经村支两委村民代表会议决定，将登记在村集体名下的220亩林地作价2.5万元，转让给张某如、郭某华经营，经营期为30年。案涉合同签订时，该村约有村民一百人，未选举村民代表。而根据张某如、郭某华提供的2008年5月出卖案涉林地时的干群会议记录显示，仅有十人参加会议并签字按印。该村现有人口八十八人。原告安某堂等五十四人系该村村民，于2020年4月提起本案诉讼，以某界村委会未召开村民会议，未经村民代表同意，未依法公示并报当地政府批准，擅自将集体林地承包给他人，严重损害村民集体利益为由，请求确认《林权买卖合同》无效。

山西省五台县人民法院一审认为，农村土地承包依法必须经本集体经济组织成员的村民会议三分之二以上成员或者三分之二以上村民代表的同意。某界村委会与张某如、郭某华订立的《林权买卖合同》实为林地承包合同，但未按法定的土地承包程序进行，违反《中华人民共和国农村土地承包法》的强制性规定，判决确认案涉《林权买卖合同》无效。宣判后，张某如、郭某华提出上诉，山西省忻州市中级人民法院二审判决驳回上诉，维持原判。

第二十条 土地承包的程序

土地承包应当按照以下程序进行：

（一）本集体经济组织成员的村民会议选举产生承包工作小组；

（二）承包工作小组依照法律、法规的规定拟订并公布承包方案；

（三）依法召开本集体经济组织成员的村民会议，讨论通过承包方案；

（四）公开组织实施承包方案；

（五）签订承包合同。

条文注释

根据本条的规定，土地承包应当依照以下程序进行：

(1) 本集体经济组织成员的村民会议选举产生承包工作小组。(2) 承包工作小组依照法律、法规的规定拟订并公布承包方案。(3) 依法召开本集体经济组织成员的村民会议，讨论通过承包方案。根据本法第十九条第三项的规定，承包方案应当按照本法第十三条的规定，依法经本集体经济组织的村民会议三分之二以上成员或者三分之二以上村民代表同意。(4) 公开组织实施承包方案。(5) 签订承包合同。

根据本法第二十二条的规定，承包合同一般包括以下条款：(1) 发包方、承包方的名称，发包方负责人和承包方代表的姓名、住所；(2) 承包土地的名称、坐落、面积、质量等级；(3) 承包期限和起止日期；(4) 承包土地的用途；(5) 发包方和承包方的权利义务；(6) 违约责任。承包合同自双方当事人签名、盖章或者按指印时成立，承包合同自成立之日起生效，承包方自承包合同生效时取得土地承包经营权。

第三节　承包期限和承包合同

第二十一条　承包期限

耕地的承包期为三十年。草地的承包期为三十年至五十年。林地的承包期为三十年至七十年。

前款规定的耕地承包期届满后再延长三十年，草地、林地承包期届满后依照前款规定相应延长。

条文注释

承包期限是指农村土地承包经营权存续的期间，在此期间内，承包方享有土地承包经营权，依照法律的规定和合同的约定，行使权利，承担义务。

我国对土地实行用途管理制度。土地管理法按照土地的用途，将土地划分为农用地、建设用地和未利用地，其中，农用地又包括耕地、林地、草地、农田水利用地和养殖水面等。本条第 1 款根据我国农村土地家庭承包的实际情况，对不同用途的土地的承包期作出规定。(1) 耕地。耕地是指种植农作物的土地，包括灌溉水田、望天田（又称天水田）、水浇地、旱地和菜地。我国农村实行土地承包经营制度的土地主要是耕地。(2) 草地、林地。草地是指以生长草本植物为主，用于畜牧业的土地，包括天然草地、改良草地和人工草地。草原是草地的主体。林地是指生长乔木、竹类、灌木、沿海红树林的土地，包括有林地、灌木林地、疏林地、未成林造林地以及迹地和苗圃等。

根据本条第 2 款的规定，草地、林地的承包期届满后，比照耕地承包期届满后再延长三十年的规定，作相应延长。例如，如果草地、林地的现承包期为四十年，该承包期届满后再延长四十年；如果草地、林地的现承包期为五十年，该承包期届满后再延长五十年。

第二十二条　承包合同

发包方应当与承包方签订书面承包合同。

承包合同一般包括以下条款：

（一）发包方、承包方的名称，发包方负责人和承包方代表的姓名、住所；

（二）承包土地的名称、坐落、面积、质量等级；

（三）承包期限和起止日期；

（四）承包土地的用途；

（五）发包方和承包方的权利和义务；

（六）违约责任。

条文注释

土地承包合同是发包方与承包方之间达成的，关于农村土地承包权利义务关系的协议。根据本法的规定，土地承包合同具有以下特征：

（1）合同的主体是法定的。发包方是与农民集体所有土地范围一致的农村集体经济组织、村委会或者村民小组。即土地依法属于村农民集体所有的，由村集体经济组织或者村民委员会发包；已经分别属于村内两个以上农村集体经济组织的农民集体所有的，由村内各该农村集体经济组织或者村民小组发包。国家所有依法由农民集体使用的农村土地，由使用该土地的农村集体经济组织、村民委员会或者村民小组发包。承包方是本集体经济组织的农户。

（2）合同内容受到法律规定的约束，有些内容不允许当事人自由约定。例如，对于耕地的承包期，本法明确规定为三十年，并且耕地承包期届满后再延长三十年。再如，对于承包地的收回等，法律都有明确规定。这些内容都不允许当事人自由约定。

（3）土地承包合同是双务合同。发包方应当尊重承包方的生产经营自主权，为承包方提供生产、技术、信息等服务，有权对承包方进行监督等；承包方对承包地享有占有、使用、收益和流转的权利，其应维持土地的农业用途，保护和合理利用土地等。

（4）合同属于要式合同。双方当事人签订承包合同应当采用书面形式。

承包合同应当符合下列要求：文本规范；内容合法；双方当事人签名、盖章或者按指印；法律、法规和规章规定的其他要求。

相关规定

《中华人民共和国民法典》第333条第1款；《农村土地承包合同管理办法》第10条第1款

第二十三条 承包合同的生效

承包合同自成立之日起生效。承包方自承包合同生效时取得土地承包经营权。

条文注释

合同的成立是指订约当事人就合同的主要内容形成合意。合同的生效是指合同产生法律约束力。本条主要明确了承包合同的生效时间。同时，考虑到我国农村土地承包的实际情况，明确了承包经营权的取得以合同生效为前提，不以登记为生效的要件。

此外，本条主要是从承包合同生效时间的角度予以规定，但承包合同要实际产生法律约束力，还不能有法律规定的合同无效等事由。对此，民法典作出了明确规定。《中华人民共和国民法典》第一百五十五条规定，无效的或者被撤销的民事法律行自始没有法律约束力。对合同在哪些情形下可以认定无效或者可以被撤销，民法典作出了详细规定，这些规定也适用于土地承包合同。《中华人民共和国民法典》第一百四十三条规定，具备下列条件的民事法律行为有效：（1）行为人具有相应的民事行为能力；（2）意思表示真实；（3）不违反法律、行政法规的强制性规定，不违背公序良俗。

第二十四条　土地承包经营权登记

国家对耕地、林地和草地等实行统一登记，登记机构应当向承包方颁发土地承包经营权证或者林权证等证书，并登记造册，确认土地承包经营权。

土地承包经营权证或者林权证等证书应当将具有土地承包经营权的全部家庭成员列入。

登记机构除按规定收取证书工本费外，不得收取其他费用。

条文注释

对于本条第一款需要从以下三个方面予以把握：一是关于土地承包经营权登记制度与土地承包经营权设立的关系。土地承包经营权的设立，没有采用登记生效主义，即不以登记为生效的要件。二是国家实行土地承包经营权统一登记制度，由统一的登记机构对耕地、林地、草地等进行登记。三是关于发放证书、登记造册。土地承包经营权证书、林权证等证书，是承包方享有土地承包经营权的法律凭证。承包方签订承包合同，取得土地承包经营权后，登记机构应当向土地承包经营权人发放土地承包经营权证、林权证等证书，并登记造册，将土地的使用权属、用途、面积等情况登记在专门的簿册上，以确认土地承包经营权。

相关规定

《中华人民共和国民法典》第 333 条第 2 款

第二十五条 承包合同的稳定性

承包合同生效后，发包方不得因承办人或者负责人的变动而变更或者解除，也不得因集体经济组织的分立或者合并而变更或者解除。

条文注释

根据本法的规定，发包方是集体经济组织、村委会或者村民小组。承包合同是发包方与承包方签订的。承办人或者负责人只是发包方的法定代表人或者代理人，并不等同于发包方。承办人或者负责人的变动并不构成对合同的实质性变更。

发包方不得因集体经济组织的分立或者合并而变更或者解除承包合同。分立是指一个集体经济组织被分为两个以上新的组织，原组织的权利义务由新的集体经济组织承担。合并一般是指两种情况：一是指两个以上组织合并成为一个新的组织，由新的组织承担被合并的组织的权利义务。另一种情况是指一个组织被撤销后，将其权利义务一并转让给另一个组织。

承包期内，出现下列情形之一的，承包合同变更：(1) 承包方依法分立或者合并的；(2) 发包方依法调整承包地的；(3) 承包方自愿交回部分承包地的；(4) 土地承包经营权互换的；(5) 土地承包经营权部分转让的；(6) 承包地被部分征收的；(7) 法律、法规和规章规定的其他情形。承包合同变更的，变更后的承包期限不得超过承包期的剩余期限。

承包期内，出现下列情形之一的，承包合同终止：(1) 承包方消亡的；（2）承包方自愿交回全部承包地的；（3）土地承包经营权全部转让的；（4）承包地被全部征收的；（5）法律、法规和规章规定的其他情形。

相关规定

《农村土地承包合同管理办法》第13、14条

第二十六条 严禁国家机关及其工作人员利用职权干涉农村土地承包或者变更、解除承包合同

国家机关及其工作人员不得利用职权干涉农村土地承包或者变更、解除承包合同。

条文注释

本条规定的违法行为的主体是国家机关及其工作人员。国家机关是指国家的权力机关、监察机关、行政机关、司法机关以及军事机关，包括各级人大及其常委会，各级监察委员会、各级人民政府，各级法院、检察院等。国家机关工作人员是指在国家机关中从事公务的人员，即在国家机关中行使一定职权、履行一定职务的人员。

对于国家机关及其工作人员干涉土地承包，变更、解除承包合同应当承担的法律责任，依照本法“争议的解决和法律责任”一章第65条的规定，国家机关及其工作人员有利用职权干涉农村土地承包，变更、解除承包合同，给承包方造成损失的，应当承担损害赔偿等责任；情节严重的，由上级机关或者所在单位给予直接责任人员处分；构成犯罪的，依法追究刑事责任。

第四节 土地承包经营权的保护和互换、转让

第二十七条 承包期内承包地的交回和收回

承包期内，发包方不得收回承包地。

国家保护进城农户的土地承包经营权。不得以退出土地承包经营权作为农户进城落户的条件。

承包期内，承包农户进城落户的，引导支持其按照自愿有偿原则依法在本集体经济组织内转让土地承包经营权或者将承包地交回发包方，也可以鼓励其流转土地经营权。

承包期内，承包方交回承包地或者发包方依法收回承包地时，承包方对其在承包地上投入而提高土地生产能力的，有权获得相应的补偿。

条文注释

根据本条第一款的规定，除法律对承包地的收回有特别规定外，在承包期内，无论承包方发生什么样的变化，只要作为承包方的家庭还存在，发包方都不得收回承包地。例如，承包方家庭中的一人或者数人死亡的；子女升学、参军或者在城市就业的；妇女结婚，在新居住地未取得承包地的；承包方在农村从事各种非农产业的等，只要作为承包方的农户家庭没有消亡，发包方都不得收回其承包地。

根据本条第二款、第三款的规定，承包农户即使全家都进城落户，不管是否纳入城镇住房和社会保障体系，也不管是否丧失农村集体经济组织成员身份，其进城落户前所取得的农村土地承包经营权仍然受国家保护。农户进城落户后，其所取得的土地承包经营权不受任何影响。农户既可以根据自己的意愿，并按照农业生产季节回来耕

作；也可以根据本法第三十四条的规定按照自愿有偿原则依法在本集体经济组织内转让土地承包经营权；还可以根据本法第二章第五节的规定向他人流转土地经营权；当然，如果农户自愿将承包地交回发包方，也是允许的。

本条第四款规定，承包期内，承包方交回承包地或者发包方依法收回承包地时，承包方对其在承包地上投入而提高土地生产能力的，有权获得相应的补偿。例如，承包方对盐碱度较高的土地或者荒漠化的土地进行治理，使其成为较为肥沃的土地，在交回承包地时，发包方应当对承包方因治理土地而付出的投入给予相应的经济补偿。

实用问答

问：村民进城务工，村集体可以收回其承包地吗？①

答：土地承包经营权对于农民具有生活保障功能，农户享有土地承包权是农村基本经营制度的基础。民法典第三百三十七条、农村土地承包法第二十七条明确规定承包期内发包方不得收回承包地，这是作为发包方的农村集体经济组织或者村民委员会应负的法定义务，也是对发包方行使权利的一种限制。据此规定，即使承包家庭农户全部进城落户，发包方也不得以退出土地承包经营权作为农户进城落户的条件。

维持农村土地承包合同关系和土地承包经营权的长久不变，既是党和国家的基本农村政策，承包期内发包方不得收回承包地也是法律、行政法规的禁止性规定。集体经济组织或者村民委员会违反我国现行政策和法律法规的禁止性规定，擅自收回承包方承包地的，承包方、土地承包经营权人有权诉请法院确认集体经济组织或者村民委员会收回承包地的行为无效。

①《学法典读案例答问题》，载最高人民法院网站，https：//www.court.gov.cn/zixun/xiangqing/362801.html，最后访问时间：2023 年 11 月 21 日。

典型案例

王淑某与何福某、王喜某等农村土地承包经营权纠纷案（最高人民法院公布保障民生第二批典型案例）①

2007年10月30日，吉林省白城市洮北区农村土地承包仲裁委员会作出裁决：王淑某对王振某所种土地享有承包经营权。一审原告王振某遂向洮北区人民法院请求：1. 确认三跃村村委会与王振某签订的土地承包经营合同有效；2. 确认王淑某对王振某承包的土地无承包经营权。王淑某答辩称其在王振某承包的土地中享有五分之一的承包经营权。王淑某1975年1月25日结婚，由于其丈夫是军人，故户口仍在王振某家。1982年，三跃村发包土地时，王淑某与王振某一家系同一家庭成员，5口人承包5.4亩地，人均1.08亩，承包户户主为王振某。王淑某的户口于1992年1月迁入白城市并转为非农业户口。1997年第二轮土地承包时，王振某家承包4.82亩土地，并于2005年取得《农村土地承包经营权证》，共有人没有记载王淑某。

王振某于2010年10月死亡，被申请人由王振某变更为其妻何福某、其子王某东、王喜某。

王淑某作为城市居民，在二轮土地延包中不享有土地承包经营权。第一，王淑某于1992年1月将户口从王振某家迁至白城市新立派出所辖区内落户。由于目前我国法律没有对农村居民个人丧失土地承包经营权的条件作出明确具体的规定，因此，只能比照法律中最相类似的条款进行认定，上述规定应当成为认定在第二轮土地承包中，王淑某是否对王振某家承包的土地享有承包经营权的法律依据。此时

① 参见《最高人民法院公布保障民生第二批典型案例》，载最高人民法院公报网，http://gongbao.court.gov.cn/Details/9a4a13c56c02c8d4522ed4ba761761.html?eqid=ad32841900014b43000000026441f721，最后访问时间：2023年11月16日。

王淑某的户口已经迁入设区的市，成为城市居民，因此不应再享有农村土地承包经营权。以本集体经济组织的农户为单位。延包的含义是只丈量土地，不进行调整。符合增人不增地、减人不减地的政策。王淑某此时已不是王振某家庭成员，在二轮土地延包中不享有土地承包经营权。第二，《农村土地承包经营权证》是民事案件中认定当事人是否具有农村土地承包经营权的重要依据。

相关规定

《中华人民共和国土地管理法》第37条

第二十八条 承包期内承包地的调整

承包期内，发包方不得调整承包地。

承包期内，因自然灾害严重毁损承包地等特殊情形对个别农户之间承包的耕地和草地需要适当调整的，必须经本集体经济组织成员的村民会议三分之二以上成员或者三分之二以上村民代表的同意，并报乡（镇）人民政府和县级人民政府农业农村、林业和草原等主管部门批准。承包合同中约定不得调整的，按照其约定。

条文注释

关于本条第二款规定的“本集体经济组织成员的村民会议”，考虑到土地所有者和发包主体的不同，并根据本法第十三条的规定，如果土地是由村集体经济组织或者村民委员会发包的，这里的“村民会议”应当指村集体范围内的村民会议，即由村集体经济组织成员组成的村民会议；如果土地是由村内各集体经济组织或者村民小组发包的，这里的“村民会议”应当指村民小组范围内的村民会议，即由村民小组成员组成的村民会议。“村民会议三分之二以上成员”应当指组成村民会议的全体成员的三分之二以上成员；“三分之二以上村民代表”应当指由村民代表组成的村民会议的全体代表的三分之二以上代表。

第二十九条 用于调整承包土地或者承包给新增人口的土地

下列土地应当用于调整承包土地或者承包给新增人口：

（一）集体经济组织依法预留的机动地；

（二）通过依法开垦等方式增加的；

（三）发包方依法收回和承包方依法、自愿交回的。

条文注释

本条规定的应当用于调整承包土地或者承包给新增人口的土地包括：（1）集体经济组织依法预留的机动地。机动地是发包方在发包土地时，预先留出的不作为承包地的少量土地，用于解决承包期内的人地矛盾问题。（2）通过依法开垦等方式增加的土地。主要是指通过开垦未利用地，如开垦荒地而增加的土地。（3）发包方依法收回和承包方依法、自愿交回的土地。本法第二十七条、第三十条、第三十一条等条文对发包方依法收回承包地和承包方依法、自愿交回承包地等作了明确规定。

第三十条 承包期内承包方自愿将承包地交回发包方的处理

承包期内，承包方可以自愿将承包地交回发包方。承包方自愿交回承包地的，可以获得合理补偿，但是应当提前半年以书面形式通知发包方。承包方在承包期内交回承包地的，在承包期内不得再要求承包土地。

● *条文注释*

根据《农村土地承包合同管理办法》第十八条的规定，承包方自愿将部分或者全部承包地交回发包方的，承包方与发包方在该土地上的承包关系终止，承包期内其土地承包经营权部分或者全部消灭，并不得再要求承包土地。承包方自愿交回承包地的，应当提前半年以书面形式通知发包方。承包方对其在承包地上投入而提高土地生产能力的，有权获得相应的补偿。交回承包地的其他补偿，由发包方和承包方协商确定。

第三十一条 妇女婚姻关系变动对土地承包的影响

承包期内，妇女结婚，在新居住地未取得承包地的，发包方不得收回其原承包地；妇女离婚或者丧偶，仍在原居住地生活或者不在原居住地生活但在新居住地未取得承包地的，发包方不得收回其原承包地。

● *条文注释*

本条规定主要包括以下内容：(1) 承包期内，妇女结婚的，妇女嫁入方所在村应当尽量解决其土地承包问题。如果当地既没有富余的土地，也不进行小调整，而是实行“增人不增地，减人不减地”的办法，则出嫁妇女原籍所在地的发包方不得收回其原承包地。(2) 妇女离婚或者丧偶，仍在原居住地生活的，其已取得的承包地应当由离婚或者丧偶妇女继续承包，发包方不得收回；不在原居住地生活的，新居住地的集体经济组织应当尽量为其解决承包土地问题，如可以在依法进行小调整时分给离婚或者丧偶妇女一份承包地，离婚或者丧偶妇女在新居住地未取得承包地的，原居住地的发包方不得收回其原承包地。

典型案例

新疆维吾尔自治区博尔塔拉蒙古自治州人民检察院督促保护农村妇女土地承包经营权行政公益诉讼案①

新疆维吾尔自治区博尔塔拉蒙古自治州（以下简称博州）温泉县甲镇某村村民周某兰、周某红分别于1987年2月、1989年1月外嫁至博州博乐市乙镇，并将户口随迁至该镇。户籍迁出后，甲镇人民政府遂将二人承包的土地承包经营权收回（每人7.2亩，共计14.4亩），而乙镇人民政府未向周某兰、周某红分配相应土地。二人为此多次向甲镇、乙镇、温泉县农业农村部门反映归还土地承包经营权事宜，一直未得到有效解决。

2020年12月15日，博州人民检察院（以下简称博州院）12309检察服务热线接到周某兰、周某红救助申请，控申部门将案件线索移交公益诉讼检察部门办理。博州院利用一体化办案机制，将该案线索交温泉县人民检察院（以下简称温泉县院）初查。经初步查明，2020年9月3日，温泉县农业农村部门针对周某兰、周某红反映事项，认定甲镇政府依据其制定的《关于进一步深化农村改革实施“五统一”服务的意见》，收回二人土地承包经营权，违反了农村土地承包法的相关规定，并将该事项交由甲镇政府依法予以妥善处理。2021年2月8日，甲镇政府作出维持收回周某兰、周某红土地承包经营权的意见。同时，温泉县院还发现其他乡镇也存在类似情况，涉及“外嫁女”百余人。2021年11月26日，经报上级检察机关同意，博州院针对上述可能侵害农村妇女土地承包经营权的情形以行政公益诉讼立案办理。

2021年12月13日，博州院组织博州和温泉县两级农业农村局、

---

① 《妇女权益保障检察公益诉讼典型案例》，载最高人民检察院，https：//www.spp.gov.cn/xwfbh/dxal/202211/t20221125_593721.shtml，最后访问时间：2023年11月17日。

温泉县人民政府、甲镇政府、乙镇政府召开公开听证会，并邀请博州人大代表、人民监督员参加，博州纪委监委、妇女联合会（以下简称妇联）、司法局、信访局等部门列席。听证会上，博州妇联表示，妇女和男子享有平等的权利，“外嫁女”的土地承包经营权应予以保护。博州纪委监委表示，行政机关应依法行政，不能因为案涉问题涉及面广、涉及人数众多就久拖不决，损害当事人合法权益。人大代表认为，检察机关召开听证会非常有必要，对职能部门未能依法履职的情形应当依法监督。经听证代表合议，一致认为收回“外嫁女”土地承包经营权的行为侵害了妇女的合法权益，应予纠正。听证会结束后，博州院分别向甲镇政府、博州农业农村局发出诉前检察建议，建议甲镇政府纠正违法行为；建议博州农业农村局开展专项调查，对辖区内类似情况全面摸排，并加强与相关职能部门沟通协调，解决类似历史遗留问题，做好妇女权益保护工作。

收到检察建议后，博州农业农村局、甲镇政府积极履职，并及时与当事人沟通协商。在双方当事人的申请下，检察机关分别于2021年12月17日和27日组织两次案件协调会，推动解决周某兰、周某红反映问题。博州农业农村局开展专项调查，经全面摸排分析，决定将类似问题引导启动仲裁程序。经协商，甲镇政府返还周某兰、周某红原一轮承包土地，并逐年支付该土地统一发包的承包费用，期间土地由甲镇某村实行规模化连片经营管理，周某兰、周某红享有土地的收益和流转等权益。同时，甲镇政府废止《关于进一步深化农村改革实施“五统一”服务的意见》。

第三十二条 承包收益和林地承包权的继承

承包人应得的承包收益，依照继承法的规定继承。

林地承包的承包人死亡，其继承人可以在承包期内继续承包。

条文注释

关于土地承包经营权能否继承的问题，首先应当明确的是，家庭承包的承包方是本集体经济组织的农户。家庭中部分成员死亡的，由于作为承包方的户还存在，因此不发生继承的问题，由家庭中的其他成员继续承包。只有在因家庭成员全部死亡而导致承包方消亡的情况下，才存在是否允许继承的问题。对家庭成员全部死亡而导致承包方消亡的，其承包地不允许继承，应当由集体经济组织收回，并严格用于解决人地矛盾。

承包地虽然不允许继承，但承包人应得的承包收益，如已收获的粮食、未收割的农作物等，作为承包人的个人财产，则应当依照民法典继承编的规定继承。继承人可以是本集体经济组织的成员，也可以不是本集体经济组织的成员。承包人应得的承包收益，自承包人死亡时开始继承，而不必等到承包经营的家庭消亡时才开始继承。上述继承的问题，主要是指耕地和草地，关于林地能否继承的问题，本条第二款规定："林地承包的承包人死亡，其继承人可以在承包期内继续承包"。

根据《农村土地承包合同管理办法》第十九条第二款、第三款、第四款的规定，土地承包经营权互换的，应当签订书面合同，并向发包方备案。承包方提交备案的互换合同，应当符合下列要求：（1）互换双方是属于同一集体经济组织的农户；（2）互换后的承包期限不超过承包期的剩余期限；(3）法律、法规和规章规定的其他事项。互换合同备案后，互换双方应当与发包方变更承包合同。

第三十三条 土地承包经营权的互换

承包方之间为方便耕种或者各自需要，可以对属于同一集体经济组织的土地的土地承包经营权进行互换，并向发包方备案。

条文注释

土地承包经营权互换是指土地承包经营权人将自己的土地承包经营权交换给他人行使，自己行使从他人处换来的土地承包经营权。权利交换后，原有的发包方与承包方的关系，变为发包方与互换后的承包方的关系，双方的权利义务同时作出相应的调整。

需要注意的是：第一，土地承包经营权互换只是土地承包经营权人改变，不是土地用途及承包义务的改变，互换后的土地承包经营权人仍然要按照发包时确定的该土地的用途使用土地，履行该地块原来负担的义务。例如，发包时确定某地块用于种植粮食作物，承包经营权互换后不能用于开挖鱼塘。第二，家庭承包的土地，不仅涉及不同集体经济组织的土地权属，也关系农户的生存保障。因此，承包方只能与属于同一集体经济组织的农户互换土地承包经营权，不能与其他集体经济组织的农户互换土地承包经营权。

根据《农村土地承包合同管理办法》第十九条第二款、第三款、第四款的规定，土地承包经营权互换的，应当签订书面合同，并向发包方备案。承包方提交备案的互换合同，应当符合下列要求：(1）互换双方是属于同一集体经济组织的农户；(2）互换后的承包期限不超过承包期的剩余期限；(3）法律、法规和规章规定的其他事项。互换合同备案后，互换双方应当与发包方变更承包合同。

第三十四条 土地承包经营权的转让

经发包方同意，承包方可以将全部或者部分的土地承包经营权转让给本集体经济组织的其他农户，由该农户同发包方确立新的承包关系，原承包方与发包方在该土地上的承包关系即行终止。

条文注释

土地承包经营权转让是指土地承包经营权人将其拥有的未到期的土地承包经营权以一定的方式和条件移转给他人的行为。土地承包经营权的受让对象只能是本集体经济组织的成员。

承包方转让土地承包经营权的，应当以书面形式向发包方提交申请。发包方同意转让的，承包方与受让方应当签订书面合同；发包方不同意转让的，应当于七日内向承包方书面说明理由。发包方无法定理由的，不得拒绝同意承包方的转让申请。未经发包方同意的，土地承包经营权转让合同无效。土地承包经营权转让合同，应当符合下列要求：（1）受让方是本集体经济组织的农户；（2）转让后的承包期限不超过承包期的剩余期限；（3）法律、法规和规章规定的其他事项。土地承包经营权转让后，受让方应当与发包方签订承包合同。原承包方与发包方在该土地上的承包关系终止，承包期内其土地承包经营权部分或者全部消灭，并不得再要求承包土地。

承包合同订立、变更和终止的，应当开展土地承包经营权调查。土地承包经营权调查，应当查清发包方、承包方的名称，发包方负责人和承包方代表的姓名、身份证号码、住所，承包方家庭成员，承包地块的名称、坐落、面积、质量等级、土地用途等信息。

● 相关规定

《中华人民共和国民法典》第 334 条；《农村土地承包合同管理办法》第 20、26-31 条

第三十五条 土地承包经营权互换、转让的登记

土地承包经营权互换、转让的，当事人可以向登记机构申请登记。未经登记，不得对抗善意第三人。

● 条文注释

本条对于土地承包经营权的互换、转让采用登记对抗主义。也就是说，当事人签订土地承包经营权的互换、转让合同，并经发包方备案或者同意后，该合同即发生法律效力，不强制当事人登记。

未经登记，不能对抗善意第三人。也就是说，不登记将产生不利于土地承包经营权受让人的法律后果。例如，承包户 A 将某块土地的承包经营权转让给 B，但没有办理变更登记。之后，A 又将同一块地的承包经营权转让给 C，同时办理了变更登记。如果 B 与 C 就该块土地的承包经营权发生纠纷，由于 C 取得土地承包经营权并进行了登记，他的权利将受到保护。B 将不能取得该地块的土地承包经营权。

第五节 土地经营权

第三十六条 土地经营权设立

承包方可以自主决定依法采取出租（转包）、入股或者其他方式向他人流转土地经营权，并向发包方备案。

条文注释

一、土地经营权设立的主体

设立土地经营权的主体就是承包方和受让方，双方经过协商一致以合同方式设立土地经营权。农村土地经营权流转是在承包方与发包方承包关系保持不变的前提下，承包方依法在一定期限内将土地经营权部分或者全部交由他人自主开展农业生产经营的行为。

土地经营权流转的受让方应当为具有农业经营能力或者资质的组织和个人。在同等条件下，本集体经济组织成员享有优先权。

二、土地经营权设立的客体

《农村土地经营权流转管理办法》第三十四条第一款规定，本办法所称农村土地，是指除林地、草地以外的，农民集体所有和国家所有依法由农民集体使用的耕地和其他用于农业的土地。

三、土地经营权设立的原则

土地经营权流转应当坚持农村土地农民集体所有、农户家庭承包经营的基本制度，保持农村土地承包关系稳定并长久不变，遵循依法、自愿、有偿原则，任何组织和个人不得强迫或者阻碍承包方流转土地经营权。

土地经营权流转不得损害农村集体经济组织和利害关系人的合法权益，不得破坏农业综合生产能力和农业生态环境，不得改变承包土地的所有权性质及其农业用途，确保农地农用，优先用于粮食生产，制止耕地“非农化”、防止耕地“非粮化”。

四、土地经营权设立的方式

根据本条的规定，承包方可以采取出租（转包）、入股或者其他方式向他人流转土地经营权。具体而言，土地经营权设立的方式可以分为三类：

（1）出租（转包）。是指承包方将部分或者全部土地经营权，租赁给他人从事农业生产经营。

（2）入股。是指承包方将部分或者全部土地经营权作价出资，成为公司、合作经济组织等股东或者成员，并用于农业生产经营。

（3）其他方式。其他方式就是出租、入股之外的方式，如根据本法第四十七条的规定，承包方可以用承包地的土地经营权向金融机构融资担保。这也是一种设立土地经营权的方式。在当事人以土地经营权设定担保物权时，一旦债务人未能偿还到期债务，担保物权人有权就土地经营权优先受偿。

五、土地经营权设立的程序要求

根据本条的规定，土地经营权的设立应当向发包方备案。所谓备案就是以书面形式告知集体经济组织土地经营权设立的事实。备案的义务主体是承包方，即设立土地经营权的农户，而不是受让方。接受备案的一方是发包方。根据本法第十三条的规定，农民集体所有的土地依法属于村农民集体所有的，由村集体经济组织或者村民委员会发包；已经分别属于村内两个以上农村集体经济组织的农民集体所有的，由村内各该农村集体经济组织或者村民小组发包。因此，承包方应当根据承包时的实际情况，依法向相应的发包方备案：由本村集体经济组织发包的，就应当向本村集体经济组织备案；由本小组集体经济组织发包的，则应当向本小组集体经济组织备案；由村民委员会代为发包的，就应当报村民委员会备案。

● *相关规定*

《中华人民共和国民法典》第339条；《农村土地经营权流转管理办法》第1-16条

第三十七条 土地经营权人的基本权利

土地经营权人有权在合同约定的期限内占有农村土地，自主开展农业生产经营并取得收益。

条文注释

土地经营权是受让方根据流转合同的约定对承包方承包的农村土地依法占有，并利用其开展农业生产经营并取得收益的权利。

权利的主体。土地经营权的权利主体就是根据土地经营权流转合同取得土地经营权的自然人或者组织。（2）权利的客体。土地经营权的客体就是农村土地。（3）权利的取得。土地经营权是由承包方通过一定的民事法律行为设立的，这种民事法律行为就是与受让方签订土地经营权流转合同。（4）权利的期限。土地承包经营权是一种用益物权，而且是有期限物权。根据本法的规定，土地经营权流转的期限不得超过承包期的剩余期限。这里的不得超过就是当事人可以根据合同约定土地经营权的最长期限，可以是一年、二年、三年、五年或者十年等，只要不超过承包期的剩余期限即可。（5）权利的消灭。土地经营权是有期限的权利，因此一旦双方约定的流转期限届满，土地经营权人的权利自然因到期而消灭。土地经营权也可能因为土地经营权流转合同的解除、被撤销或者宣告无效等事由而解除。

相关规定

《中华人民共和国民法典》第340条

第三十八条 土地经营权流转的原则

土地经营权流转应当遵循以下原则：

（一）依法、自愿、有偿，任何组织和个人不得强迫或者阻碍土地经营权流转；

（二）不得改变土地所有权的性质和土地的农业用途，不得破坏农业综合生产能力和农业生态环境；

（三）流转期限不得超过承包期的剩余期限；

（四）受让方须有农业经营能力或者资质；

（五）在同等条件下，本集体经济组织成员享有优先权。

条文注释

土地经营权流转“不得改变土地所有权的性质”进一步明确了土地经营权流转的性质不是买卖土地，土地经营权人获得的仅仅是经营土地的权利，而非土地所有权。土地经营权人只能依法占有、使用承包地并获取收益，不得擅自处分承包地。

农业综合生产能力是指一定地区、一定时期和一定社会经济技术条件下，通过具体生产过程的组织和土地、劳力、资金、科技、管理等农业生产诸要素综合投入所形成的，并可以相对稳定地实现的农业综合产出水平，包括农业生产要素投入能力、农业生产产出能力、农田设施保障和抗御自然灾害能力等。不得破坏农业综合生产能力，就是在利用承包地开展农业生产经营获取收益时，必须确保土地、水等自然资源的可持续利用，确保农产品的实际产量不降低，确保农业设施能够抵抗自然灾害等。

典型案例

某市某纺织品有限公司诉江苏省某市自然资源局行政处罚案（耕地保护典型行政案例）①

2017年3月，本案当事人某市某纺织品有限公司（以下简称某公司）法定代表人张某某占用某镇某村7组集体土地建造砖混钢结构厂房用于床上用品加工，该厂房非法占用的土地为828.7平方米，套合某镇土地利用总体规划，828.7平方米均不符合镇土地利用总体规划，其中817.78平方米占用的为耕地，10.92平方米占用的为耕地以外的其他农用地。原某市国土局在巡查中发现了某公司的违法情形，遂前往现场初查、勘测并发出责令停止土地违法行为通知。2018年3月6日，原某市国土资源局监察中队建议立案查处，原某市国土资源局于2018年3月12日经呈批立案。2018年4月11日，原某市国土资源局向某公司发出行政处罚听证告知书，告知了某公司其违法事实、拟处罚的理由和依据、享受陈述申辩和听证的权利等。某公司于同日收悉后在规定期限内，未向原某市国土资源局提出陈述申辩和要求听证。2018年5月2日，原某市国土资源局作出行政处罚决定书，认为某公司违反了《中华人民共和国土地管理法》第四十三条的规定，属于非法占地，责令退还非法占用的828.7平方米的土地，限期自行拆除土地上新建的建筑物及其他设施，恢复土地原状，并处罚款人民币17348.1元。某公司不服，提起本案诉讼。某公司诉称其所利用的土地是具有土地承包经营权范围内的土地及荒废土地，并非非法占用集体土地。

一审认为，第一，被诉处罚决定书认定事实清楚，某公司占用集

① 《耕地保护典型行政案例》，载中国法院网，https://www.chinacourt.org/article/detail/2020/12/id/5665797.shtml，最后访问时间：2023年11月17日。

体土地建造厂房，属于未经批准擅自占用。即便本案中存在土地承包经营权的流转，流转土地也不得改变其农业用途。第二，被诉处罚决定书适用法律准确，所作处罚合理适当。被诉处罚的作出不违背《中华人民共和国土地管理法》第六十七条、《中华人民共和国土地管理法实施条例》第四十二条以及《江苏省国土资源常用行政处罚自由裁量标准》的相关规定。第三，被诉处罚决定书程序合法，不存在剥夺某公司陈述申辩及听证权利的情形。遂判决驳回某公司的诉讼请求。

二审认为，某公司占用集体土地建造厂房，属于未经批准擅自占用的违法事实清楚。虽然某公司提交了与杨某某等人签订的土地租用合同，以证明其用地系从他人处有偿租用而来。但是，结合土地管理法及农村土地承包法的规定可见，违法用地行为侵害的是国家土地利用的分类和规划制度，认定行为人是否存在违法用地行为，不以行为人使用的土地是否系有偿流转为判断标准，而是看使用土地有无办理批准手续、有无改变土地的农业用途等。某公司占用的土地为农用地，不符合土地利用总体规划，某市自然资源局对某公司作出退还非法占用的土地，自行拆除建筑物及其他设施，恢复土地原状，并处罚款的处罚，量罚适当。遂判决驳回上诉，维持原判。

第三十九条 土地经营权流转价款

土地经营权流转的价款，应当由当事人双方协商确定。流转的收益归承包方所有，任何组织和个人不得擅自截留、扣缴。

第四十条 土地经营权流转合同

土地经营权流转，当事人双方应当签订书面流转合同。

土地经营权流转合同一般包括以下条款：

（一）双方当事人的姓名、住所；

（二）流转土地的名称、坐落、面积、质量等级；

（三）流转期限和起止日期；

（四）流转土地的用途；

（五）双方当事人的权利和义务；

（六）流转价款及支付方式；

（七）土地被依法征收、征用、占用时有关补偿费的归属；

（八）违约责任。

承包方将土地交由他人代耕不超过一年的，可以不签订书面合同。

实用问答

1. 问：各级农业农村部门应如何加强土地经营权流转合同管理和服务？[①]

答：《农村土地经营权流转管理办法》对流转管理作了专章规定。一是县级以上地方人民政府农业农村（农村经营管理）部门应当加强对本行政区域内土地经营权流转管理。乡（镇）人民政府农村土地承包管理部门应当依法开展土地经营权流转管理和服务，向达成流转意向的双方提供统一文本格式的流转合同，指导其签订，并建立土地经

① 参见《农业农村部负责人答记者问：规范流转行为 促进有序流转》，载农业农村部网站，http://www.moa.gov.cn/xw/bmdt/202110/t20211028_6380669.htm，最后访问时间：2023年11月20日。

营权流转台账；对流转合同中有违反法律法规的，应当及时予以纠正。二是县级以上地方人民政府农业农村（农村经营管理）部门应当加强对土地经营权流转市场的业务指导，督促其建立健全运行规则，规范开展土地经营权流转政策咨询、信息发布、合同签订、交易鉴证、权益评估、融资担保、档案管理等服务。

2. 问：流转当事人在签订流转合同时要注意什么？①

答：在签订流转合同时，首先，要注意核实对方的主体资格。对于自然人，应当要求其出示身份证件；对于法人和其他组织，应当要求其代表出示法人或其他组织的身份证件（如营业执照副本），核实签订代表是否有权代表法人或其他组织签订合同，签订合同时必须加盖对方单位公章或者合同专用章。对于以上证件，农民群众可以记录一些关键信息，以便后续出现纠纷时申请调解、仲裁或起诉。其次，应当认真阅读合同每一项内容，并逐一进行填写，以保证合同内容的完整性，确保将双方约定的全部内容都体现在书面合同文本上，不建议另行作出口头约定。需要特别强调的是，《出租合同示范文本》和《入股合同示范文本》都对是否同意承租方（受让方）对土地经营权再流转和融资担保设置了选项，农民群众在签订合同时一定要审慎决定是否勾选同意。第三，合同签订后，双方当事人应当依据当地规定，向相关部门提交合同原件以完成备案，并各自保留一份合同原件。

相关规定

《农村土地经营权流转管理办法》第17-19条

---

① 参见《农业农村部负责人答记者问：规范流转行为 促进有序流转》，载农业农村部网站，http：//www. moa. gov. cn/xw/bmdt/202110/t20211028_ 6380669. htm，最后访问时间：2023年11月20日。

第四十一条　土地经营权流转的登记

土地经营权流转期限为五年以上的，当事人可以向登记机构申请土地经营权登记。未经登记，不得对抗善意第三人。

条文注释

根据《中华人民共和国民法典》第三百四十一条的规定，流转期限为五年以上的土地经营权，自流转合同生效时设立。

根据《中华人民共和国民法典》第三百四十一条及本条的规定，土地经营权未经登记不得对抗善意第三人。所谓善意第三人就是不知道也不应当知道承包地上设有土地经营权的人。登记后的土地经营权相对于债权而言同样具有优先效力。例如，甲将自己的承包地流转给乙后，乙未申请土地经营权登记。事后，甲又与丙签订土地经营权流转合同，并对于甲已经与乙签订流转合同并不知情，并申请土地经营权登记。之后，当事人之间因为土地使用发生纠纷。此时，丙的土地经营权因申请登记具有对抗效力，因此可以对抗乙的债权。从权利保护的角度而言，申请土地经营权登记对于土地经营权人具有更强的保护力。

第四十二条　土地经营权流转合同单方解除权

承包方不得单方解除土地经营权流转合同，但受让方有下列情形之一的除外：

（一）擅自改变土地的农业用途；

（二）弃耕抛荒连续两年以上；

（三）给土地造成严重损害或者严重破坏土地生态环境；

（四）其他严重违约行为。

● *条文注释*

本条没有规定承包方行使单方解除权的具体方式和程序要求。因此，承包方要解除土地经营权流转合同，还应当遵守民法典合同编有关解除权的规定。一方面，解除权应当在法定或者约定的期限内行使。另一方面，行使解除权还应按照一定的方式。本条规定，当事人根据约定解除权和法定解除权主张解除合同的，应当通知对方。合同自通知到达对方时解除。

有以上规定的情形，承包方在合理期限内不解除土地经营权流转合同的，发包方有权要求终止土地经营权流转合同。受让方对土地和土地生态环境造成的损害应当依法予以赔偿。

● *相关规定*

《农村土地经营权流转管理办法》第20条

第四十三条　土地经营权受让方依法投资并获得补偿

经承包方同意，受让方可以依法投资改良土壤，建设农业生产附属、配套设施，并按照合同约定对其投资部分获得合理补偿。

● *条文注释*

经承包方同意，受让方依法投资改良土壤，建设农业生产附属、配套设施，及农业生产中直接用于作物种植和畜禽水产养殖设施的，土地经营权流转合同到期或者未到期由承包方依法提前收回承包土地时，受让方有权获得合理补偿。具体补偿办法可在土地经营权流转合同中约定或者由双方协商确定。

第四十四条 承包方流转土地经营权后与发包方承包关系不变

承包方流转土地经营权的，其与发包方的承包关系不变。

条文注释

根据本条的规定，承包方流转土地经营权的，其与发包方的承包关系不变。理解这一规定，可以从以下三个方面予以把握：

（1）承包方流转土地经营权可以采取出租、入股或者其他方式，但无论采取何种方式，其与受让方形成何种性质的法律关系，均不影响其与发包方之前形成的承包关系。承包方依然属于承包合同关系的一方当事人。

（2）承包方与受让土地经营权的受让方形成的是土地经营权流转合同，承包方与发包方形成的是承包合同，两个合同关系虽然相互独立，但也有一定的联系，主要体现在，流转合同的期限不得超过承包合同的剩余期限、受让方从事经营同样应当遵循农地利用规划及保护生态等要求。

（3）发包方尽管不是流转合同的当事人，但其作为土地发包的主体，在特定情形下，依然享有终止流转合同并要求受让方赔偿损害的权利。根据本法第六十四条的规定，土地经营权人擅自改变土地的农业用途、弃耕抛荒连续两年以上、给土地造成严重损害或者严重破坏土地生态环境，承包方在合理期限内不解除土地经营权流转合同的，发包方有权要求终止土地经营权流转合同。

相关规定

《农村土地经营权流转管理办法》第15条

第四十五条 建立社会资本取得土地经营权的资格审查等制度

县级以上地方人民政府应当建立工商企业等社会资本通过流转取得土地经营权的资格审查、项目审核和风险防范制度。

工商企业等社会资本通过流转取得土地经营权的，本集体经济组织可以收取适量管理费用。

具体办法由国务院农业农村、林业和草原主管部门规定。

条文注释

根据本条第一款的规定，县级以上地方人民政府应当建立工商企业等社会资本通过流转取得土地经营权的资格审查、项目审核和风险防范制度。

审查审核的一般程序如下：

(1) 受让主体与承包方就流转面积、期限、价款等进行协商并签订流转意向协议书。涉及未承包到户集体土地等集体资源的，应当按照法定程序经本集体经济组织成员的村民会议三分之二以上成员或者三分之二以上村民代表的同意，并与集体经济组织签订流转意向协议书。

(2) 受让主体按照分级审查审核规定，分别向乡（镇）人民政府农村土地承包管理部门或者县级以上地方人民政府农业农村主管（农村经营管理）部门提出申请，并提交流转意向协议书、农业经营能力或者资质证明、流转项目规划等相关材料。

(3) 县级以上地方人民政府或者乡（镇）人民政府应当依法组织相关职能部门、农村集体经济组织代表、农民代表、专家等就土地用途、受让主体农业经营能力，以及经营项目是否符合粮食生产等产业规划等进行审查审核，并于受理之日起二十个工作日内作出审查审核意见。

（4）审查审核通过的，受让主体与承包方签订土地经营权流转合同。未按规定提交审查审核申请或者审查审核未通过的，不得开展土地经营权流转活动。

相关规定

《农村土地经营权流转管理办法》第29－32条；《最高人民法院关于审理涉及农村土地承包纠纷案件适用法律问题的解释》

第四十六条 土地经营权的再流转

经承包方书面同意，并向本集体经济组织备案，受让方可以再流转土地经营权。

条文注释

根据本条的规定，通过流转取得土地经营权的受让方，如果再次流转土地经营权，需要注意把握：第一，土地经营权的再次流转需要经过“同意加备案”的程序。即受让方再次流转土地经营权，需要征得承包方的书面同意，同时还应向作为发包方的集体经济组织履行备案手续。第二，受让方再次流转土地经营权的方式，根据本法第三十六条的规定为出租（转包）、入股或者其他方式。

相关规定

《农村土地经营权流转管理办法》第12条

第四十七条 土地经营权融资担保

承包方可以用承包地的土地经营权向金融机构融资担保，并向发包方备案。受让方通过流转取得的土地经营权，经承包方书面同意并向发包方备案，可以向金融机构融资担保。

担保物权自融资担保合同生效时设立。当事人可以向登记机构申请登记；未经登记，不得对抗善意第三人。

实现担保物权时，担保物权人有权就土地经营权优先受偿。

土地经营权融资担保办法由国务院有关部门规定。

条文注释

本条第一款规定，承包方可以用承包地的土地经营权向金融机构融资担保，并向发包方备案。本款包含两种情况：(1) 承包方利用其所承包的承包地的土地经营权向金融机构融资担保。此种情况下，由于承包方并未将承包地的土地经营权向外流转，承包方的土地承包权与土地经营权没有分离，因此作为担保物的土地经营权实际上未现实存在，承包方是用将来的土地经营权融资担保，到需要实现担保物权时，土地经营权才从土地承包经营权中分离出来，作为优先受偿的财产出现。(2) 承包方将承包地的土地经营权流转后，受让土地经营权的受让方利用土地经营权向金融机构融资担保。在这种情况下，承包方自己不实际经营土地，而是流转给受让方，受让方将流转取得的承包地的土地经营权向金融机构融资担保。

根据本条第 2 款的规定，担保物权自融资担保合同生效时设立。当事人可以向登记机构申请登记；未经登记，不得对抗善意第三人。

第三章　其他方式的承包

第四十八条　其他承包方式

不宜采取家庭承包方式的荒山、荒沟、荒丘、荒滩等农村土地，通过招标、拍卖、公开协商等方式承包的，适用本章规定。

条文注释

招标投标多为大宗货物的买卖、工程建设项目的发包与承包、服务项目的采购与提供等所采用，但不局限于此，农村荒山、荒沟、荒丘、荒滩等土地资源的承包也可以采取招标投标的方式。拍卖是指以公开竞价的形式，将特定物的财产权利转让给最高应价的买卖方式。

第四十九条　以其他方式承包农村土地时承包合同的签订

以其他方式承包农村土地的，应当签订承包合同，承包方取得土地经营权。当事人的权利和义务、承包期限等，由双方协商确定。以招标、拍卖方式承包的，承包费通过公开竞标、竞价确定；以公开协商等方式承包的，承包费由双方议定。

第五十条　荒山、荒沟、荒丘、荒滩等的承包经营方式

荒山、荒沟、荒丘、荒滩等可以直接通过招标、拍卖、公开协商等方式实行承包经营，也可以将土地经营权折股分给本集体经济组织成员后，再实行承包经营或者股份合作经营。

承包荒山、荒沟、荒丘、荒滩的，应当遵守有关法律、行政法规的规定，防止水土流失，保护生态环境。

条文注释

根据本条的规定，对荒山、荒沟、荒丘、荒滩等土地的承包经营方式灵活多样，既可以直接通过向社会公开招标、拍卖、公开协商等方式进行，也可以在本集体经济组织内部，将土地经营权折股分给本集体经济组织成员后，再实行承包经营或者股份合作经营。

承包荒山、荒沟、荒丘、荒滩的，应当遵守有关法律、行政法规的规定，防止水土流失，保护生态环境。

第五十一条　本集体经济组织成员有权优先承包

以其他方式承包农村土地，在同等条件下，本集体经济组织成员有权优先承包。

第五十二条　将农村土地发包给本集体经济组织以外的单位或者个人承包的程序

发包方将农村土地发包给本集体经济组织以外的单位或者个人承包，应当事先经本集体经济组织成员的村民会议三分之二以上成员或者三分之二以上村民代表的同意，并报乡（镇）人民政府批准。

由本集体经济组织以外的单位或者个人承包的，应当对承包方的资信情况和经营能力进行审查后，再签订承包合同。

条文注释

根据本条的规定，本集体经济组织以外的单位和个人以其他方式承包农村土地的，应当事先经本集体经济组织成员的村民会议三分之二以上成员或者三分之二以上村民代表的同意。并且，由本集体经济组织以外的单位和个人承包经营的，发包方应当对承包方的资信情况和经营能力进行审查后，再签订承包合同。

第五十三条　以其他方式承包农村土地后，土地经营权的流转

通过招标、拍卖、公开协商等方式承包农村土地，经依法登记取得权属证书的，可以依法采取出租、入股、抵押或者其他方式流转土地经营权。

条文注释

依据本法第三条的规定，我国的农村土地承包制度包括“农村集体经济组织内部的家庭承包方式”和“其他方式的承包”。通过家庭方式的承包取得土地承包经营权后，登记机构应当向承包方颁发土地承包经营权证或者林权证等证书，并登记造册，确认土地承包经营权。承包方在此基础上，可以直接向他人流转土地经营权。

但是，以招标、拍卖、公开协商等方式取得的土地承包经营权，承包方有的与发包人是债权关系。要注意的是，通过其他方式的承包所取得的土地经营权是通过市场化的行为并支付一定的对价获得的，其流转无需向发包人备案或经发包人同意。流转对受让方也没有特别限制，接受流转的一方可以是本集体经济组织以外的个人、农业公司等。

相关规定

《中华人民共和国民法典》第 342 条

第五十四条　以其他方式取得的土地承包经营权的继承

依照本章规定通过招标、拍卖、公开协商等方式取得土地经营权的，该承包人死亡，其应得的承包收益，依照继承法的规定继承；在承包期内，其继承人可以继续承包。

条文注释

关于家庭承包中的继承问题已在本法第 32 条作了规定，本条对以其他方式的承包的继承问题作出规定。家庭承包和其他方式的承包引发的继承问题共同之处在于，两种方式的承包中承包人死亡后其应得的承包收益，都可以依照民法典继承编的规定继承。差别主要体现在：

（1）在家庭承包的方式中，土地承包经营权是农村集体经济组织内部人人有份的，是农村集体经济组织成员的一项权利。而成为非农业人口的继承人能否继承土地承包经营权？应当说成为非农业人口的继承人已经不是农村集体经济组织的成员了，也不享有对土地承包经营权的继承权。而在其他方式的承包中，则不存在这个问题。例如，一个农户对本村荒山的承包，这个承包并不是在本村内人人有份的，而是通过招标、拍卖或者公开协商等方式进行承包取得的土地经营权。这种承包是有偿取得的，期限较长，投入很大，应当允许继承，而且允许成为非农业人口的继承人继承。

（2）在家庭承包的方式中，由于是以户为生产经营单位，因此部分家庭成员死亡的，不发生土地承包经营权本身的继承问题，而是由该承包户内的其他成员继续承包。如果全部承包人死亡，承包方的家庭消亡后，土地承包经营权由发包方收回，其他继承人只能继承土地承包的收益，并要求发包方对被继承人在土地上的投入做一定的补偿。而在其他方式的承包中，则有所不同。例如，承包本村荒山的承包人，在其死后，荒山可以由其继承人继续承包。如果所有的继承人都不愿意承包经营，还可以通过出租、入股、抵押或者其他方式流转土地经营权，将流转获得的收益作为遗产处理。

（3）在家庭承包方式中，林地承包的承包人死亡，其继承人可以在承包期内继续承包。本条规定的其他方式的承包的继承与林地承包是相似的，即以其他方式承包的承包人死亡后，其所承包的“四荒地”在承包期内由继承人继续承包。

第四章　争议的解决和法律责任

第五十五条　土地承包经营纠纷的解决方式

因土地承包经营发生纠纷的，双方当事人可以通过协商解决，也可以请求村民委员会、乡（镇）人民政府等调解解决。

当事人不愿协商、调解或者协商、调解不成的，可以向农村土地承包仲裁机构申请仲裁，也可以直接向人民法院起诉。

条文注释

土地承包经营纠纷，主要是指在土地承包过程中发包方与承包方发生的纠纷，承包方与受让方发生的纠纷，也包括土地承包经营当事人与第三人发生的纠纷。

调解是指在村民委员会、乡（镇）人民政府等第三方的主持下，在双方当事人自愿的基础上，通过宣传法律、法规、规章和政策，劝导当事人化解矛盾，自愿就争议事项达成协议，使农村土地承包经营纠纷及时得到解决的一种活动。当事人可以将纠纷通过调解解决，但调解不是仲裁或诉讼的必经程序。调解人可以是个人，也可以是人民政府及其有关部门，还可以是其他社会团体、组织。

本条规定了几种主要的调解单位。例如，对于村民小组或者村内的集体经济组织发包的，发生纠纷后，可以请求村民委员会调解；对于村集体经济组织或者村民委员会发包的，发生纠纷后，可以请求乡

（镇）人民政府调解。其他调解部门可以是政府的农业农村、林业和草原等行政主管部门，也可以是政府设立的负责农业承包管理工作的农村集体经济管理部门，还可以是农村土地承包仲裁委员会。

第五十六条 侵害土地承包经营权、土地经营权应当承担民事责任

任何组织和个人侵害土地承包经营权、土地经营权的，应当承担民事责任。

条文注释

根据《中华人民共和国民法典》第一百七十九条的规定，承担民事责任的方式主要有：（1）停止侵害；（2）排除妨碍；（3）消除危险；（4）返还财产；（5）恢复原状；（6）修理、重作、更换；（7）继续履行；（8）赔偿损失；（9）支付违约金；（10）消除影响、恢复名誉；（11）赔礼道歉。

本条有一点需要明确，即对于国家机关及其工作人员利用职权干涉和侵害农村土地承包经营权的行为如何处理？本法第六十五条列举了相关侵权行为，如利用职权干涉农村土地承包经营，变更、解除承包经营合同，干涉承包经营当事人依法享有的生产经营自主权，强迫、阻碍承包经营当事人进行土地承包经营权互换、转让或者土地经营权流转等行为。根据《中华人民共和国行政诉讼法》第十二条第一款第七项之规定，如果承包人认为行政机关侵犯其经营自主权或者农村土地承包经营权、农村土地经营权，或者按照同款第十二项之规定，认为行政机关侵犯其他人身权、财产权等合法权益的，其可以向人民法院提起行政诉讼。根据《中华人民共和国国家赔偿法》第四条第四项的规定，受害人有权向造成损害的行政机关请求赔偿。

● *相关规定*

《农村土地承包经营纠纷调解仲裁法》

第五十七条　发包方的民事责任

发包方有下列行为之一的，应当承担停止侵害、排除妨碍、消除危险、返还财产、恢复原状、赔偿损失等民事责任：

（一）干涉承包方依法享有的生产经营自主权；

（二）违反本法规定收回、调整承包地；

（三）强迫或者阻碍承包方进行土地承包经营权的互换、转让或者土地经营权流转；

（四）假借少数服从多数强迫承包方放弃或者变更土地承包经营权；

（五）以划分“口粮田”和“责任田”等为由收回承包地搞招标承包；

（六）将承包地收回抵顶欠款；

（七）剥夺、侵害妇女依法享有的土地承包经营权；

（八）其他侵害土地承包经营权的行为。

● *条文注释*

承担民事责任的方式，就发包方而言，是发包方因违法侵害承包方合法权益承担民事责任的形式。

（1）停止侵害。停止侵害是指发包方正在实施侵害承包方享有的土地承包经营权时，承包方为了维护自己的合法权益，防止损害后果的扩大，有权制止正在实施的不法行为，要求其停止侵害。

（2）排除妨碍。排除妨碍是指将妨害他人权利的障碍予以排除，如发包方在承包地边堆放建筑用沙石，妨害承包方收割机械的进入，影响其生产。

（3）消除危险。消除危险是指因行为人实施的行为或者设置的物件等有造成他人损害或再次造成他人损害的危险时，受害人有权请求行为人将危险排除。这里所说的危险是现实存在的，而不是一种潜在的可能。

（4）返还财产。返还财产从民法理论上来说是指一方当事人将非法占有的他人财产返还给对方当事人。被他人非法占有的可能是物，或者其他财产。所返还财产可能是原物，也可能不是原物。

（5）恢复原状。按字面意思理解，恢复原状是指将损坏的东西重新修复，引申下去，可以指恢复权利至未被侵害时的状态。

（6）赔偿损失。赔偿损失是违法行为人对违法行为造成的损害所承担的补偿对方损失的民事法律责任方式，是适用范围最为广泛的一种责任形式。赔偿损失的方式包括实物赔偿和金钱赔偿两种。

● 典型案例

某村村民委员会与刘某梅承包地征收补偿费用分配纠纷案［辽宁省朝阳市中级人民法院（2022）辽13民终2797号民事判决书］①

原告刘某梅系双塔区××镇××村村民，婚后户口仍在双塔区××镇××村。2018年8月，政府征用双塔区××镇××村的集体土地，原告所在的村集体成员有权获得土地补偿款。2022年5月10日，经双塔区××镇××村村民委员会公示，“工业园区33批次征占金沟村荒山98.052

---

① 辽宁省朝阳市中级人民法院（2022）辽13民终2797号民事判决书，载中国裁判文书网，https://wenshu.court.gov.cn/website/wenshu/181107ANFZ0BXSK4/index.html?docId=y8aBPW+o2P7buTiKGrFkMvZlu7eQFtN7bpBFVKVu5ETgCahmD2PWa/UKq3u+IEo4xrhYIUL6n/HlIb6F6BMZlyN05NRB6QgWvb77MR4zDn7h2h3ndSonLF8UcYfiTPUG，最后访问时间：2023年11月20日。

亩，减去二组15.2亩，剩余82.852亩，每亩64000元，共计532528元，按三组集体经济组织成员289人平均发放，每口人18347元。现公示七天，如有异议到村委会反映核实。”村委会认为：刘某梅因长期不在本村居住，是村民组户代表会议决定将其列为“空挂户”，并且表决不承认其农村集体经济组织成员身份，从而不给付土地征收补偿费用。

根据《最高人民法院关于审理涉及农村土地承包纠纷案件适用法律问题的解释》第二十二条规定：村民委员会可以依照法律规定的民主议定程序，决定在本集体经济组织内部分配已经收到的土地补偿费。征地补偿安置方案确定时已经具有本集体经济组织成员资格的人，请求支付相应份额的，应予支持。本案中，某村村民委员会通过民主议定程序，决定在本村内部分配已经收到的土地补偿费。根据《××区农村集体经济组织成员身份确认的指导意见》规定的确认成员条件，刘某梅作为出嫁女，尚未在嫁入方取得成员资格，且户口仍在本村，具有某村村民委员成员身份，应当获得相应的土地补偿款份额。

第五十八条 承包合同中无效的约定

承包合同中违背承包方意愿或者违反法律、行政法规有关不得收回、调整承包地等强制性规定的约定无效。

典型案例

某家庭农场与济南某居委会、某合作社农村土地承包合同纠纷案①

某家庭农场与济南某居委会、某合作社签订《土地承包经营合

① 《山东高院发布10起服务保障黄河流域生态保护和高质量发展典型案例》，载中国山东网，https：//news.sdchina.com/show/4664104.html，最后访问时间：2023年11月17日。

同》，济南某居委会、某合作社将位于黄河河道管理范围内的土地发包给某家庭农场，约定在不改变土地性质的基础上经营。2018 年 5 月，天桥黄河河务局向某家庭农场做出行政处罚决定书，以其在黄河河道管理范围内建设大棚及砖混结构管理房的行为对河道行洪造成影响为由，决定对某家庭农场作出行政处罚：立即停止违法行为，15 日内排除阻碍，清除河道内违法建筑。某家庭农场向法院起诉，请求确认《土地承包经营合同》无效，判令济南某居委会、某合作社返还租金 90 万元、赔偿损失 80 万元。

济南市中级人民法院认为，在河道管理范围内建设构筑物大棚以及管理用房，属《中华人民共和国防洪法》规定的影响河势稳定、危害河岸堤防安全和其他妨碍河道行洪的禁止性行为，案涉《土地承包经营合同》应属无效。判决某家庭农场 30 日内将土地恢复原状并予以返还，济南某居委会、某合作社返还某家庭农场承包费 80 万元。

相关案例索引

某村村民委员会诉某管委会等拖欠征地款纠纷案（《最高人民法院公报》2005 第 1 期）

裁判摘要：把土地征为国有后又在无对价的情况下返还给原集体土地所有人的做法违反了我国土地管理法中有关国有土地用途的强制性规定，损害了国家和社会公共利益，应认定无效。当事人在合同中约定的违约金过分高于违约方给守约方造成的损失的，人民法院可根据当事人的请求适当予以减少。

第五十九条 违约责任

当事人一方不履行合同义务或者履行义务不符合约定的，应当依法承担违约责任。

典型案例

王某存、任某侠诉某村七组果园承包合同纠纷案（《最高人民法院公报》1990年第3期）

原告诉称：原告与被告于1982年签订了5年果园承包合同，后又续签了5年合同。现被告单方面强行终止了后续的5年承包合同，并把果园发包给他人。请求判令被告继续履行合同，并承担违约责任和赔偿经济损失。

被告辩称：原告是与前任组长签订的后续5年果园承包合同。该合同未经村民大会讨论一致通过，且发包指标低，公证不合法，是无效合同。根据村民的意见，决定终止合同继续履行，重新将果园发包给他人，是正确的。

经济合同一经依法成立，即具有法律约束力，签订合同的双方必须全面履行合同规定的义务，任何一方不得擅自变更或解除合同。果园承包合同为发包方与承包方协商一致，依法订立；经村民大会讨论通过，符合民主议定的原则；合同的公证也是合法的，因此应当予以保护。合同签订后，由于价格的调整，致使一方收益发生较大变化，可依法变更。但发包方单方面终止合同履行，则属违约行为。1981年《中华人民共和国经济合同法》第三十五条规定："当事人一方违反经济合同时，应向对方支付违约金。如果由于违约已给对方造成的损失超过违约金的，还应进行赔偿，补偿违约金不足的部分。对方要求继续履行合同的，应继续履行。"因此，该承包合同可继续履行，且发包方应向承包方支付违约金和赔偿损失。

第六十条 无效的土地承包经营权互换、转让或土地经营权流转

任何组织和个人强迫进行土地承包经营权互换、转让或者土地经营权流转的，该互换、转让或者流转无效。

第六十一条 擅自截留、扣缴土地承包经营权互换、转让或土地经营权流转收益的处理

任何组织和个人擅自截留、扣缴土地承包经营权互换、转让或者土地经营权流转收益的，应当退还。

第六十二条 非法征收、征用、占用土地或者贪污、挪用土地征收、征用补偿费用的法律责任

违反土地管理法规，非法征收、征用、占用土地或者贪污、挪用土地征收、征用补偿费用，构成犯罪的，依法追究刑事责任；造成他人损害的，应当承担损害赔偿等责任。

相关案例索引

杨某1等人诉某县人民政府、某县朝歌街道办事处、某县朝歌街道办事处某村村民委员会违法占地及行政赔偿案（2020年12月14日耕地保护典型行政案例）

本案是一起行政机关未取得审批手续强制占用农民承包地并清除地上农作物，侵犯农民土地承包经营权的典型案例。

根据相关法律规定，国家基于公共利益需要，可以对集体土地实施征收，但必须遵循严格的土地征收与补偿程序。

实践中，部分行政机关为加快工作进度，在没有合法征地手续的情况下强行摧毁农民耕地上的农作物，属于违法行为。

对于因强占土地引起的赔偿问题，本案明确了在具备恢复原状条件的情况下，应当优先适用恢复原状的判决方式，将土地恢复至能够耕种的状态并予以返还的原则，对于从根本上保护耕地，具有积极的借鉴意义。

第六十三条 违法将承包地用于非农建设或者给承包地造成永久性损害的法律责任

承包方、土地经营权人违法将承包地用于非农建设的，由县级以上地方人民政府有关主管部门依法予以处罚。

承包方给承包地造成永久性损害的，发包方有权制止，并有权要求赔偿由此造成的损失。

第六十四条 土地经营权人的民事责任

土地经营权人擅自改变土地的农业用途、弃耕抛荒连续两年以上、给土地造成严重损害或者严重破坏土地生态环境，承包方在合理期限内不解除土地经营权流转合同的，发包方有权要求终止土地经营权流转合同。土地经营权人对土地和土地生态环境造成的损害应当予以赔偿。

第六十五条 国家机关及其工作人员利用职权侵害土地承包经营权、土地经营权行为的法律责任

国家机关及其工作人员有利用职权干涉农村土地承包经营，变更、解除承包经营合同，干涉承包经营当事人依法享有的生产经营自主权，强迫、阻碍承包经营当事人进行土地承包经营权互换、转让或者土地经营权流转等侵害土地承包经营权、土地经营权的行为，给承包经营当事人造成损失的，应当承担损害赔偿等责任；情节严重的，由上级机关或者所在单位给予直接责任人员处分；构成犯罪的，依法追究刑事责任。

第五章　附　　则

第六十六条　本法实施前的农村土地承包继续有效

本法实施前已经按照国家有关农村土地承包的规定承包，包括承包期限长于本法规定的，本法实施后继续有效，不得重新承包土地。未向承包方颁发土地承包经营权证或者林权证等证书的，应当补发证书。

● *条文注释*

已按国家有关规定完成的农村土地承包，包括承包期限长于本法规定土地承包，在本法实施后是否具有法律效力，受本法保护？本条对此明确地作出了肯定性规定，同时明确禁止以此为由重新承包土地。也就是说，本法实施前按照国家有关农村土地承包的规定形成的土地承包关系，依然合法有效；即使承包合同中确定的承包期限超出本法第 21 条规定的时限，如耕地承包期超过三十年、草地承包期超过五十年、林地承包期超过七十年的，依然视同符合本法规定，本法予以保护。

第六十七条　机动地的预留

本法实施前已经预留机动地的，机动地面积不得超过本集体经济组织耕地总面积的百分之五。不足百分之五的，不得再增加机动地。

本法实施前未留机动地的，本法实施后不得再留机动地。

第六十八条　实施办法的制定

各省、自治区、直辖市人民代表大会常务委员会可以根据本法，结合本行政区域的实际情况，制定实施办法。

第六十九条　农村集体经济组织成员身份的确认

确认农村集体经济组织成员身份的原则、程序等，由法律、法规规定。

第七十条　施行时间

本法自 2003 年 3 月 1 日起施行。

附录一

中华人民共和国农村土地承包经营纠纷调解仲裁法

（2009年6月27日第十一届全国人民代表大会常务委员会第九次会议通过　2009年6月27日中华人民共和国主席令第14号公布　自2010年1月1日起施行）

目　录

第一章　总　　则

第一条　为了公正、及时解决农村土地承包经营纠纷，维护当事人的合法权益，促进农村经济发展和社会稳定，制定本法。

第二条 农村土地承包经营纠纷调解和仲裁，适用本法。

农村土地承包经营纠纷包括：

（一）因订立、履行、变更、解除和终止农村土地承包合同发生的纠纷；

（二）因农村土地承包经营权转包、出租、互换、转让、入股等流转发生的纠纷；

（三）因收回、调整承包地发生的纠纷；

（四）因确认农村土地承包经营权发生的纠纷；

（五）因侵害农村土地承包经营权发生的纠纷；

（六）法律、法规规定的其他农村土地承包经营纠纷。

因征收集体所有的土地及其补偿发生的纠纷，不属于农村土地承包仲裁委员会的受理范围，可以通过行政复议或者诉讼等方式解决。

第三条 发生农村土地承包经营纠纷的，当事人可以自行和解，也可以请求村民委员会、乡（镇）人民政府等调解。

第四条 当事人和解、调解不成或者不愿和解、调解的，可以向农村土地承包仲裁委员会申请仲裁，也可以直接向人民法院起诉。

第五条 农村土地承包经营纠纷调解和仲裁，应当公开、公平、公正，便民高效，根据事实，符合法律，尊重社会公德。

第六条 县级以上人民政府应当加强对农村土地承包经营纠纷调解和仲裁工作的指导。

县级以上人民政府农村土地承包管理部门及其他有关部门应当依照职责分工，支持有关调解组织和农村土地承包仲裁委员会依法开展工作。

第二章　调　　解

第七条　村民委员会、乡（镇）人民政府应当加强农村土地承包经营纠纷的调解工作，帮助当事人达成协议解决纠纷。

第八条　当事人申请农村土地承包经营纠纷调解可以书面申请，也可以口头申请。口头申请的，由村民委员会或者乡（镇）人民政府当场记录申请人的基本情况、申请调解的纠纷事项、理由和时间。

第九条　调解农村土地承包经营纠纷，村民委员会或者乡（镇）人民政府应当充分听取当事人对事实和理由的陈述，讲解有关法律以及国家政策，耐心疏导，帮助当事人达成协议。

第十条　经调解达成协议的，村民委员会或者乡（镇）人民政府应当制作调解协议书。

调解协议书由双方当事人签名、盖章或者按指印，经调解人员签名并加盖调解组织印章后生效。

第十一条　仲裁庭对农村土地承包经营纠纷应当进行调解。调解达成协议的，仲裁庭应当制作调解书；调解不成的，应当及时作出裁决。

调解书应当写明仲裁请求和当事人协议的结果。调解书由仲裁员签名，加盖农村土地承包仲裁委员会印章，送达双方当事人。

调解书经双方当事人签收后，即发生法律效力。在调解书签收前当事人反悔的，仲裁庭应当及时作出裁决。

第三章　仲　　裁

第一节　仲裁委员会和仲裁员

第十二条　农村土地承包仲裁委员会，根据解决农村土地承包经营纠纷的实际需要设立。农村土地承包仲裁委员会可以在县和不设区的市设立，也可以在设区的市或者其市辖区设立。

农村土地承包仲裁委员会在当地人民政府指导下设立。设立农村土地承包仲裁委员会的，其日常工作由当地农村土地承包管理部门承担。

第十三条　农村土地承包仲裁委员会由当地人民政府及其有关部门代表、有关人民团体代表、农村集体经济组织代表、农民代表和法律、经济等相关专业人员兼任组成，其中农民代表和法律、经济等相关专业人员不得少于组成人员的二分之一。

农村土地承包仲裁委员会设主任一人、副主任一至二人和委员若干人。主任、副主任由全体组成人员选举产生。

第十四条　农村土地承包仲裁委员会依法履行下列职责：

（一）聘任、解聘仲裁员；

（二）受理仲裁申请；

（三）监督仲裁活动。

农村土地承包仲裁委员会应当依照本法制定章程，对其组成人员的产生方式及任期、议事规则等作出规定。

第十五条　农村土地承包仲裁委员会应当从公道正派的人员中聘任仲裁员。

仲裁员应当符合下列条件之一：

（一）从事农村土地承包管理工作满五年；

（二）从事法律工作或者人民调解工作满五年；

（三）在当地威信较高，并熟悉农村土地承包法律以及国家政策的居民。

第十六条 农村土地承包仲裁委员会应当对仲裁员进行农村土地承包法律以及国家政策的培训。

省、自治区、直辖市人民政府农村土地承包管理部门应当制定仲裁员培训计划，加强对仲裁员培训工作的组织和指导。

第十七条 农村土地承包仲裁委员会组成人员、仲裁员应当依法履行职责，遵守农村土地承包仲裁委员会章程和仲裁规则，不得索贿受贿、徇私舞弊，不得侵害当事人的合法权益。

仲裁员有索贿受贿、徇私舞弊、枉法裁决以及接受当事人请客送礼等违法违纪行为的，农村土地承包仲裁委员会应当将其除名；构成犯罪的，依法追究刑事责任。

县级以上地方人民政府及有关部门应当受理对农村土地承包仲裁委员会组成人员、仲裁员违法违纪行为的投诉和举报，并依法组织查处。

第二节　申请和受理

第十八条 农村土地承包经营纠纷申请仲裁的时效期间为二年，自当事人知道或者应当知道其权利被侵害之日起计算。

第十九条 农村土地承包经营纠纷仲裁的申请人、被申请人为当事人。家庭承包的，可以由农户代表人参加仲裁。当事人一方人数众多的，可以推选代表人参加仲裁。

与案件处理结果有利害关系的，可以申请作为第三人参加仲裁，或者由农村土地承包仲裁委员会通知其参加仲裁。

当事人、第三人可以委托代理人参加仲裁。

第二十条 申请农村土地承包经营纠纷仲裁应当符合下列条件：

（一）申请人与纠纷有直接的利害关系；

（二）有明确的被申请人；

（三）有具体的仲裁请求和事实、理由；

（四）属于农村土地承包仲裁委员会的受理范围。

第二十一条 当事人申请仲裁，应当向纠纷涉及的土地所在地的农村土地承包仲裁委员会递交仲裁申请书。仲裁申请书可以邮寄或者委托他人代交。仲裁申请书应当载明申请人和被申请人的基本情况，仲裁请求和所根据的事实、理由，并提供相应的证据和证据来源。

书面申请确有困难的，可以口头申请，由农村土地承包仲裁委员会记入笔录，经申请人核实后由其签名、盖章或者按指印。

第二十二条 农村土地承包仲裁委员会应当对仲裁申请予以审查，认为符合本法第二十条规定的，应当受理。有下列情形之一的，不予受理；已受理的，终止仲裁程序：

（一）不符合申请条件；

（二）人民法院已受理该纠纷；

（三）法律规定该纠纷应当由其他机构处理；

（四）对该纠纷已有生效的判决、裁定、仲裁裁决、行政处理决定等。

第二十三条 农村土地承包仲裁委员会决定受理的，应当自收到仲裁申请之日起五个工作日内，将受理通知书、仲裁规则和仲裁员名册送达申请人；决定不予受理或者终止仲裁程序的，应当自收到仲裁申请或者发现终止仲裁程序情形之日起五个工作日内书面通知申请人，并说明理由。

第二十四条 农村土地承包仲裁委员会应当自受理仲裁申请之日起五个工作日内，将受理通知书、仲裁申请书副本、仲裁规则和仲裁员名册送达被申请人。

第二十五条 被申请人应当自收到仲裁申请书副本之日起十日内向农村土地承包仲裁委员会提交答辩书；书面答辩确有困难的，可以口头答辩，由农村土地承包仲裁委员会记入笔录，经被申请人核实后由其签名、盖章或者按指印。农村土地承包仲裁委员会应当自收到答辩书之日起五个工作日内将答辩书副本送达申请人。被申请人未答辩的，不影响仲裁程序的进行。

第二十六条 一方当事人因另一方当事人的行为或者其他原因，可能使裁决不能执行或者难以执行的，可以申请财产保全。

当事人申请财产保全的，农村土地承包仲裁委员会应当将当事人的申请提交被申请人住所地或者财产所在地的基层人民法院。

申请有错误的，申请人应当赔偿被申请人因财产保全所遭受的损失。

第三节 仲裁庭的组成

第二十七条 仲裁庭由三名仲裁员组成，首席仲裁员由当事人共同选定，其他二名仲裁员由当事人各自选定；当事人不能选定的，由农村土地承包仲裁委员会主任指定。

事实清楚、权利义务关系明确、争议不大的农村土地承包经营纠纷，经双方当事人同意，可以由一名仲裁员仲裁。仲裁员由当事人共同选定或者由农村土地承包仲裁委员会主任指定。

农村土地承包仲裁委员会应当自仲裁庭组成之日起二个工作日内将仲裁庭组成情况通知当事人。

第二十八条 仲裁员有下列情形之一的，必须回避，当事人也有权以口头或者书面方式申请其回避：

（一）是本案当事人或者当事人、代理人的近亲属；

（二）与本案有利害关系；

（三）与本案当事人、代理人有其他关系，可能影响公正仲裁；

（四）私自会见当事人、代理人，或者接受当事人、代理人的请客送礼。

当事人提出回避申请，应当说明理由，在首次开庭前提出。回避事由在首次开庭后知道的，可以在最后一次开庭终结前提出。

第二十九条 农村土地承包仲裁委员会对回避申请应当及时作出决定，以口头或者书面方式通知当事人，并说明理由。

仲裁员是否回避，由农村土地承包仲裁委员会主任决定；农村土地承包仲裁委员会主任担任仲裁员时，由农村土地承包仲裁委员会集体决定。

仲裁员因回避或者其他原因不能履行职责的，应当依照本法规定重新选定或者指定仲裁员。

第四节 开庭和裁决

第三十条 农村土地承包经营纠纷仲裁应当开庭进行。

开庭可以在纠纷涉及的土地所在地的乡（镇）或者村进行，也可以在农村土地承包仲裁委员会所在地进行。当事人双方要求在乡（镇）或者村开庭的，应当在该乡（镇）或者村开庭。

开庭应当公开，但涉及国家秘密、商业秘密和个人隐私以及当事人约定不公开的除外。

第三十一条 仲裁庭应当在开庭五个工作日前将开庭的时间、地点通知当事人和其他仲裁参与人。

当事人有正当理由的，可以向仲裁庭请求变更开庭的时间、地点。是否变更，由仲裁庭决定。

第三十二条 当事人申请仲裁后，可以自行和解。达成和解协议的，可以请求仲裁庭根据和解协议作出裁决书，也可以撤回仲裁申请。

第三十三条 申请人可以放弃或者变更仲裁请求。被申请人可以承认或者反驳仲裁请求，有权提出反请求。

第三十四条 仲裁庭作出裁决前，申请人撤回仲裁申请的，除被申请人提出反请求的外，仲裁庭应当终止仲裁。

第三十五条 申请人经书面通知，无正当理由不到庭或者未经仲裁庭许可中途退庭的，可以视为撤回仲裁申请。

被申请人经书面通知，无正当理由不到庭或者未经仲裁庭许可中途退庭的，可以缺席裁决。

第三十六条 当事人在开庭过程中有权发表意见、陈述事实和理由、提供证据、进行质证和辩论。对不通晓当地通用语言文字的当事人，农村土地承包仲裁委员会应当为其提供翻译。

第三十七条 当事人应当对自己的主张提供证据。与纠纷有关的证据由作为当事人一方的发包方等掌握管理的，该当事人应当在仲裁庭指定的期限内提供，逾期不提供的，应当承担不利后果。

第三十八条 仲裁庭认为有必要收集的证据，可以自行收集。

第三十九条 仲裁庭对专门性问题认为需要鉴定的，可以交由当事人约定的鉴定机构鉴定；当事人没有约定的，由仲裁庭指定的鉴定机构鉴定。

根据当事人的请求或者仲裁庭的要求，鉴定机构应当派鉴定人参加开庭。当事人经仲裁庭许可，可以向鉴定人提问。

第四十条 证据应当在开庭时出示，但涉及国家秘密、商业秘密和个人隐私的证据不得在公开开庭时出示。

仲裁庭应当依照仲裁规则的规定开庭，给予双方当事人平等陈述、辩论的机会，并组织当事人进行质证。

经仲裁庭查证属实的证据，应当作为认定事实的根据。

第四十一条 在证据可能灭失或者以后难以取得的情况下，当事人可以申请证据保全。当事人申请证据保全的，农村土地承包仲裁委员会应当将当事人的申请提交证据所在地的基层人民法院。

第四十二条 对权利义务关系明确的纠纷，经当事人申请，仲裁庭可以先行裁定维持现状、恢复农业生产以及停止取土、占地等行为。

一方当事人不履行先行裁定的，另一方当事人可以向人民法院申请执行，但应当提供相应的担保。

第四十三条 仲裁庭应当将开庭情况记入笔录，由仲裁员、记录人员、当事人和其他仲裁参与人签名、盖章或者按指印。

当事人和其他仲裁参与人认为对自己陈述的记录有遗漏或者差错的，有权申请补正。如果不予补正，应当记录该申请。

第四十四条 仲裁庭应当根据认定的事实和法律以及国家政策作出裁决并制作裁决书。

裁决应当按照多数仲裁员的意见作出，少数仲裁员的不同意见可以记入笔录。仲裁庭不能形成多数意见时，裁决应当按照首席仲裁员的意见作出。

第四十五条 裁决书应当写明仲裁请求、争议事实、裁决理由、裁决结果、裁决日期以及当事人不服仲裁裁决的起诉权利、期限，由仲裁员签名，加盖农村土地承包仲裁委员会印章。

农村土地承包仲裁委员会应当在裁决作出之日起三个工作日内将裁决书送达当事人，并告知当事人不服仲裁裁决的起诉权利、期限。

第四十六条 仲裁庭依法独立履行职责，不受行政机关、社会团体和个人的干涉。

第四十七条 仲裁农村土地承包经营纠纷，应当自受理仲裁申请之日起六十日内结束；案情复杂需要延长的，经农村土地承包仲裁委员会主任批准可以延长，并书面通知当事人，但延长期限不得超过三十日。

第四十八条 当事人不服仲裁裁决的，可以自收到裁决书之日起三十日内向人民法院起诉。逾期不起诉的，裁决书即发生法律效力。

第四十九条 当事人对发生法律效力的调解书、裁决书，应当依照规定的期限履行。一方当事人逾期不履行的，另一方当事人可以向被申请人住所地或者财产所在地的基层人民法院申请执行。受理申请的人民法院应当依法执行。

第四章 附 则

第五十条 本法所称农村土地，是指农民集体所有和国家所有依法由农民集体使用的耕地、林地、草地，以及其他依法用于农业的土地。

第五十一条 农村土地承包经营纠纷仲裁规则和农村土地承包仲裁委员会示范章程，由国务院农业、林业行政主管部门依照本法规定共同制定。

第五十二条 农村土地承包经营纠纷仲裁不得向当事人收取费用，仲裁工作经费纳入财政预算予以保障。

第五十三条 本法自2010年1月1日起施行。

最高人民法院关于审理涉及农村集体土地行政案件若干问题的规定

（2011年8月7日法释〔2011〕20号公布 自2011年9月5日起施行）

为正确审理涉及农村集体土地的行政案件，根据《中华人民共和国物权法》、《中华人民共和国土地管理法》和《中华人民共和国行政诉讼法》等有关法律规定，结合行政审判实际，制定本规定。

第一条 农村集体土地的权利人或者利害关系人（以下简称土地权利人）认为行政机关作出的涉及农村集体土地的行政行为侵犯其合法权益，提起诉讼的，属于人民法院行政诉讼的受案范围。

第二条 土地登记机构根据人民法院生效裁判文书、协助执行通知书或者仲裁机构的法律文书办理的土地权属登记行为，土地权利人不服提起诉讼的，人民法院不予受理，但土地权利人认为登记内容与有关文书内容不一致的除外。

第三条 村民委员会或者农村集体经济组织对涉及农村集体土地的行政行为不起诉的，过半数的村民可以以集体经济组织名义提起诉讼。

农村集体经济组织成员全部转为城镇居民后，对涉及农村集体土地的行政行为不服的，过半数的原集体经济组织成员可以提起诉讼。

第四条 土地使用权人或者实际使用人对行政机关作出涉及其使用或实际使用的集体土地的行政行为不服的，可以以自己的名义提起诉讼。

第五条 土地权利人认为土地储备机构作出的行为侵犯其依法享有的农村集体土地所有权或使用权，向人民法院提起诉讼的，应当以土地储备机构所隶属的土地管理部门为被告。

第六条 土地权利人认为乡级以上人民政府作出的土地确权决定侵犯其依法享有的农村集体土地所有权或者使用权，经复议后向人民法院提起诉讼的，人民法院应当依法受理。

法律、法规规定应当先申请行政复议的土地行政案件，复议机关作出不受理复议申请的决定或者以不符合受理条件为由驳回复议申请，复议申请人不服的，应当以复议机关为被告向人民法院提起诉讼。

第七条 土地权利人认为行政机关作出的行政处罚、行政强制措施等行政行为侵犯其依法享有的农村集体土地所有权或者使用权，直接向人民法院提起诉讼的，人民法院应当依法受理。

第八条 土地权属登记（包括土地权属证书）在生效裁判和仲裁裁决中作为定案证据，利害关系人对该登记行为提起诉讼的，人民法院应当依法受理。

第九条 涉及农村集体土地的行政决定以公告方式送达的，起诉期限自公告确定的期限届满之日起计算。

第十条 土地权利人对土地管理部门组织实施过程中确定的土地补偿有异议，直接向人民法院提起诉讼的，人民法院不予受理，但应当告知土地权利人先申请行政机关裁决。

第十一条 土地权利人以土地管理部门超过两年对非法占地行为进行处罚违法，向人民法院起诉的，人民法院应当按照行政处罚法第二十九条第二款的规定处理。

第十二条 征收农村集体土地时涉及被征收土地上的房屋及其他不动产，土地权利人可以请求依照物权法第四十二条第二款的规定给予补偿。

征收农村集体土地时未就被征收土地上的房屋及其他不动产进行安置补偿，补偿安置时房屋所在地已纳入城市规划区，土地权利人请求参照执行国有土地上房屋征收补偿标准的，人民法院一般应予支持，但应当扣除已经取得的土地补偿费。

第十三条 在审理土地行政案件中，人民法院经当事人同意进行协调的期间，不计算在审理期限内。当事人不同意继续协商的，人民法院应当及时审理，并恢复计算审理期限。

第十四条 县级以上人民政府土地管理部门根据土地管理法实施条例第四十五条的规定，申请人民法院执行其作出的责令交出土地决定的，应当符合下列条件：

（一）征收土地方案已经有权机关依法批准；

（二）市、县人民政府和土地管理部门已经依照土地管理法和土地管理法实施条例规定的程序实施征地行为；

（三）被征收土地所有权人、使用人已经依法得到安置补偿或者无正当理由拒绝接受安置补偿，且拒不交出土地，已经影响到征收工作的正常进行；

（四）符合最高人民法院《关于执行〈中华人民共和国行政诉讼法〉若干问题的解释》第八十六条规定的条件。

人民法院对符合条件的申请，应当予以受理，并通知申请人；对不符合条件的申请，应当裁定不予受理。

第十五条 最高人民法院以前所作的司法解释与本规定不一致的，以本规定为准。

最高人民法院关于审理涉及农村土地承包纠纷案件适用法律问题的解释

（2005年3月29日最高人民法院审判委员会第1346次会议通过 根据2020年12月23日最高人民法院审判委员会第1823次会议通过的《最高人民法院关于修改〈最高人民法院关于在民事审判工作中适用《中华人民共和国工会法》若干问题的解释〉等二十七件民事类司法解释的决定》修正）

为正确审理农村土地承包纠纷案件，依法保护当事人的合法权益，根据《中华人民共和国民法典》《中华人民共和国农村土地承包法》《中华人民共和国土地管理法》《中华人民共和国民事诉讼法》等法律的规定，结合民事审判实践，制定本解释。

一、受理与诉讼主体

第一条 下列涉及农村土地承包民事纠纷，人民法院应当依法受理：

（一）承包合同纠纷；

（二）承包经营权侵权纠纷；

（三）土地经营权侵权纠纷；

（四）承包经营权互换、转让纠纷；

（五）土地经营权流转纠纷；

（六）承包地征收补偿费用分配纠纷；

（七）承包经营权继承纠纷；

（八）土地经营权继承纠纷。

农村集体经济组织成员因未实际取得土地承包经营权提起民事诉讼的，人民法院应当告知其向有关行政主管部门申请解决。

农村集体经济组织成员就用于分配的土地补偿费数额提起民事诉讼的，人民法院不予受理。

第二条 当事人自愿达成书面仲裁协议的，受诉人民法院应当参照《最高人民法院关于适用〈中华人民共和国民事诉讼法〉的解释》第二百一十五条、第二百一十六条的规定处理。

当事人未达成书面仲裁协议，一方当事人向农村土地承包仲裁机构申请仲裁，另一方当事人提起诉讼的，人民法院应予受理，并书面通知仲裁机构。但另一方当事人接受仲裁管辖后又起诉的，人民法院不予受理。

当事人对仲裁裁决不服并在收到裁决书之日起三十日内提起诉讼的，人民法院应予受理。

第三条 承包合同纠纷，以发包方和承包方为当事人。

前款所称承包方是指以家庭承包方式承包本集体经济组织农村土地的农户，以及以其他方式承包农村土地的组织或者个人。

第四条 农户成员为多人的，由其代表人进行诉讼。

农户代表人按照下列情形确定：

（一）土地承包经营权证等证书上记载的人；

（二）未依法登记取得土地承包经营权证等证书的，为在承包合同上签名的人；

（三）前两项规定的人死亡、丧失民事行为能力或者因其他原因无法进行诉讼的，为农户成员推选的人。

二、家庭承包纠纷案件的处理

第五条 承包合同中有关收回、调整承包地的约定违反农村土地承包法第二十七条、第二十八条、第三十一条规定的，应当认定该约定无效。

第六条 因发包方违法收回、调整承包地，或者因发包方收回承包方弃耕、撂荒的承包地产生的纠纷，按照下列情形，分别处理：

（一）发包方未将承包地另行发包，承包方请求返还承包地的，应予支持；

（二）发包方已将承包地另行发包给第三人，承包方以发包方和第三人为共同被告，请求确认其所签订的承包合同无效、返还承包地并赔偿损失的，应予支持。但属于承包方弃耕、撂荒情形的，对其赔偿损失的诉讼请求，不予支持。

前款第（二）项所称的第三人，请求受益方补偿其在承包地上的合理投入的，应予支持。

第七条 承包合同约定或者土地承包经营权证等证书记载的承包期限短于农村土地承包法规定的期限，承包方请求延长的，应予支持。

第八条 承包方违反农村土地承包法第十八条规定，未经依法批准将承包地用于非农建设或者对承包地造成永久性损害，发包方请求承包方停止侵害、恢复原状或者赔偿损失的，应予支持。

第九条 发包方根据农村土地承包法第二十七条规定收回承包地前，承包方已经以出租、入股或者其他形式将其土地经营权流转给第三人，且流转期限尚未届满，因流转价款收取产生的纠纷，按照下列情形，分别处理：

（一）承包方已经一次性收取了流转价款，发包方请求承包方返还剩余流转期限的流转价款的，应予支持；

（二）流转价款为分期支付，发包方请求第三人按照流转合同的约定支付流转价款的，应予支持。

第十条 承包方交回承包地不符合农村土地承包法第三十条规定程序的，不得认定其为自愿交回。

第十一条 土地经营权流转中，本集体经济组织成员在流转价款、流转期限等主要内容相同的条件下主张优先权的，应予支持。但下列情形除外：

（一）在书面公示的合理期限内未提出优先权主张的；

（二）未经书面公示，在本集体经济组织以外的人开始使用承包地两个月内未提出优先权主张的。

第十二条 发包方胁迫承包方将土地经营权流转给第三人，承包方请求撤销其与第三人签订的流转合同的，应予支持。

发包方阻碍承包方依法流转土地经营权，承包方请求排除妨碍、赔偿损失的，应予支持。

第十三条 承包方未经发包方同意，转让其土地承包经营权的，转让合同无效。但发包方无法定理由不同意或者拖延表态的除外。

第十四条 承包方依法采取出租、入股或者其他方式流转土地经营权，发包方仅以该土地经营权流转合同未报其备案为由，请求确认合同无效的，不予支持。

第十五条 因承包方不收取流转价款或者向对方支付费用的约定产生纠纷，当事人协商变更无法达成一致，且继续履行又显失公平的，人民法院可以根据发生变更的客观情况，按照公平原则处理。

第十六条 当事人对出租地流转期限没有约定或者约定不明的，参照民法典第七百三十条规定处理。除当事人另有约定或者属于林地承包经营外，承包地交回的时间应当在农作物收获期结束后或者下一耕种期开始前。

对提高土地生产能力的投入，对方当事人请求承包方给予相应补偿的，应予支持。

第十七条 发包方或者其他组织、个人擅自截留、扣缴承包收益或者土地经营权流转收益，承包方请求返还的，应予支持。

发包方或者其他组织、个人主张抵销的，不予支持。

三、其他方式承包纠纷的处理

第十八条 本集体经济组织成员在承包费、承包期限等主要内容相同的条件下主张优先承包的，应予支持。但在发包方将农村土地发包给本集体经济组织以外的组织或者个人，已经法律规定的民主议定程序通过，并由乡（镇）人民政府批准后主张优先承包的，不予支持。

第十九条 发包方就同一土地签订两个以上承包合同，承包方均主张取得土地经营权的，按照下列情形，分别处理：

（一）已经依法登记的承包方，取得土地经营权；

（二）均未依法登记的，生效在先合同的承包方取得土地经营权；

（三）依前两项规定无法确定的，已经根据承包合同合法占有使用承包地的人取得土地经营权，但争议发生后一方强行先占承包地的行为和事实，不得作为确定土地经营权的依据。

四、土地征收补偿费用分配及土地承包经营权继承纠纷的处理

第二十条 承包地被依法征收，承包方请求发包方给付已经收到的地上附着物和青苗的补偿费的，应予支持。

承包方已将土地经营权以出租、入股或者其他方式流转给第三人的，除当事人另有约定外，青苗补偿费归实际投入人所有，地上附着物补偿费归附着物所有人所有。

第二十一条 承包地被依法征收，放弃统一安置的家庭承包方，请求发包方给付已经收到的安置补助费的，应予支持。

第二十二条 农村集体经济组织或者村民委员会、村民小组，可以依照法律规定的民主议定程序，决定在本集体经济组织内部分配已经收到的土地补偿费。征地补偿安置方案确定时已经具有本集体经济组织成员资格的人，请求支付相应份额的，应予支持。但已报全国人大常委会、国务院备案的地方性法规、自治条例和单行条例、地方政府规章对土地补偿费在农村集体经济组织内部的分配办法另有规定的除外。

第二十三条 林地家庭承包中，承包方的继承人请求在承包期内继续承包的，应予支持。

其他方式承包中，承包方的继承人或者权利义务承受者请求在承

包期内继续承包的，应予支持。

五、其他规定

第二十四条 人民法院在审理涉及本解释第五条、第六条第一款第（二）项及第二款、第十五条的纠纷案件时，应当着重进行调解。必要时可以委托人民调解组织进行调解。

第二十五条 本解释自2005年9月1日起施行。施行后受理的第一审案件，适用本解释的规定。

施行前已经生效的司法解释与本解释不一致的，以本解释为准。

农村土地经营权流转管理办法

（2021年1月26日农业农村部令2021年第1号发布 自2021年3月1日起施行）

第一章 总 则

第一条 为了规范农村土地经营权（以下简称土地经营权）流转行为，保障流转当事人合法权益，加快农业农村现代化，维护农村社会和谐稳定，根据《中华人民共和国农村土地承包法》等法律及有关规定，制定本办法。

第二条 土地经营权流转应当坚持农村土地农民集体所有、农户家庭承包经营的基本制度，保持农村土地承包关系稳定并长久不变，遵循依法、自愿、有偿原则，任何组织和个人不得强迫或者阻碍承包方流转土地经营权。

第三条 土地经营权流转不得损害农村集体经济组织和利害关系人的合法权益，不得破坏农业综合生产能力和农业生态环境，不得改变承包土地的所有权性质及其农业用途，确保农地农用，优先用于粮食生产，制止耕地“非农化”、防止耕地“非粮化”。

第四条 土地经营权流转应当因地制宜、循序渐进，把握好流转、集中、规模经营的度，流转规模应当与城镇化进程和农村劳动力转移规模相适应，与农业科技进步和生产手段改进程度相适应，与农业社会化服务水平提高相适应，鼓励各地建立多种形式的土地经营权流转风险防范和保障机制。

第五条 农业农村部负责全国土地经营权流转及流转合同管理的指导。

县级以上地方人民政府农业农村主管（农村经营管理）部门依照职责，负责本行政区域内土地经营权流转及流转合同管理。

乡（镇）人民政府负责本行政区域内土地经营权流转及流转合同管理。

第二章 流转当事人

第六条 承包方在承包期限内有权依法自主决定土地经营权是否流转，以及流转对象、方式、期限等。

第七条 土地经营权流转收益归承包方所有，任何组织和个人不得擅自截留、扣缴。

第八条 承包方自愿委托发包方、中介组织或者他人流转其土地经营权的，应当由承包方出具流转委托书。委托书应当载明委托的事项、权限和期限等，并由委托人和受托人签字或者盖章。

没有承包方的书面委托，任何组织和个人无权以任何方式决定流转承包方的土地经营权。

第九条 土地经营权流转的受让方应当为具有农业经营能力或者资质的组织和个人。在同等条件下，本集体经济组织成员享有优先权。

第十条 土地经营权流转的方式、期限、价款和具体条件，由流转双方平等协商确定。流转期限届满后，受让方享有以同等条件优先续约的权利。

第十一条 受让方应当依照有关法律法规保护土地，禁止改变土地的农业用途。禁止闲置、荒芜耕地，禁止占用耕地建窑、建坟或者擅自在耕地上建房、挖砂、采石、采矿、取土等。禁止占用永久基本农田发展林果业和挖塘养鱼。

第十二条 受让方将流转取得的土地经营权再流转以及向金融机构融资担保的，应当事先取得承包方书面同意，并向发包方备案。

第十三条 经承包方同意，受让方依法投资改良土壤，建设农业生产附属、配套设施，及农业生产中直接用于作物种植和畜禽水产养殖设施的，土地经营权流转合同到期或者未到期由承包方依法提前收回承包土地时，受让方有权获得合理补偿。具体补偿办法可在土地经营权流转合同中约定或者由双方协商确定。

第三章 流转方式

第十四条 承包方可以采取出租（转包）、入股或者其他符合有关法律和国家政策规定的方式流转土地经营权。

出租（转包），是指承包方将部分或者全部土地经营权，租赁给他人从事农业生产经营。

入股，是指承包方将部分或者全部土地经营权作价出资，成为公司、合作经济组织等股东或者成员，并用于农业生产经营。

第十五条 承包方依法采取出租（转包）、入股或者其他方式将土地经营权部分或者全部流转的，承包方与发包方的承包关系不变，双方享有的权利和承担的义务不变。

第十六条 承包方自愿将土地经营权入股公司发展农业产业化经营的，可以采取优先股等方式降低承包方风险。公司解散时入股土地应当退回原承包方。

第四章 流转合同

第十七条 承包方流转土地经营权，应当与受让方在协商一致的基础上签订书面流转合同，并向发包方备案。

承包方将土地交由他人代耕不超过一年的，可以不签订书面合同。

第十八条 承包方委托发包方、中介组织或者他人流转土地经营权的，流转合同应当由承包方或者其书面委托的受托人签订。

第十九条 土地经营权流转合同一般包括以下内容：

（一）双方当事人的姓名或者名称、住所、联系方式等；

（二）流转土地的名称、四至、面积、质量等级、土地类型、地块代码等；

（三）流转的期限和起止日期；

（四）流转方式；

（五）流转土地的用途；

（六）双方当事人的权利和义务；

（七）流转价款或者股份分红，以及支付方式和支付时间；

（八）合同到期后地上附着物及相关设施的处理；

（九）土地被依法征收、征用、占用时有关补偿费的归属；

（十）违约责任。

土地经营权流转合同示范文本由农业农村部制定。

第二十条 承包方不得单方解除土地经营权流转合同，但受让方有下列情形之一的除外：

（一）擅自改变土地的农业用途；

（二）弃耕抛荒连续两年以上；

（三）给土地造成严重损害或者严重破坏土地生态环境；

（四）其他严重违约行为。

有以上情形，承包方在合理期限内不解除土地经营权流转合同的，发包方有权要求终止土地经营权流转合同。

受让方对土地和土地生态环境造成的损害应当依法予以赔偿。

第五章 流转管理

第二十一条 发包方对承包方流转土地经营权、受让方再流转土地经营权以及承包方、受让方利用土地经营权融资担保的，应当办理备案，并报告乡（镇）人民政府农村土地承包管理部门。

第二十二条 乡（镇）人民政府农村土地承包管理部门应当向达成流转意向的双方提供统一文本格式的流转合同，并指导签订。流转合同中有违反法律法规的，应当及时予以纠正。

第二十三条 乡（镇）人民政府农村土地承包管理部门应当建立土地经营权流转台账，及时准确记载流转情况。

第二十四条 乡（镇）人民政府农村土地承包管理部门应当对土地经营权流转有关文件、资料及流转合同等进行归档并妥善保管。

第二十五条 鼓励各地建立土地经营权流转市场或者农村产权交易市场。县级以上地方人民政府农业农村主管（农村经营管理）部门应当加强业务指导，督促其建立健全运行规则，规范开展土地经营权流转政策咨询、信息发布、合同签订、交易鉴证、权益评估、融资担保、档案管理等服务。

第二十六条 县级以上地方人民政府农业农村主管（农村经营管理）部门应当按照统一标准和技术规范建立国家、省、市、县等互联互通的农村土地承包信息应用平台，健全土地经营权流转合同网签制度，提升土地经营权流转规范化、信息化管理水平。

第二十七条 县级以上地方人民政府农业农村主管（农村经营管理）部门应当加强对乡（镇）人民政府农村土地承包管理部门工作的指导。乡（镇）人民政府农村土地承包管理部门应当依法开展土地经营权流转的指导和管理工作。

第二十八条 县级以上地方人民政府农业农村主管（农村经营管理）部门应当加强服务，鼓励受让方发展粮食生产；鼓励和引导工商企业等社会资本（包括法人、非法人组织或者自然人等）发展适合企业化经营的现代种养业。

县级以上地方人民政府农业农村主管（农村经营管理）部门应当根据自然经济条件、农村劳动力转移情况、农业机械化水平等因素，引导受让方发展适度规模经营，防止垒大户。

第二十九条 县级以上地方人民政府对工商企业等社会资本流转

土地经营权，依法建立分级资格审查和项目审核制度。审查审核的一般程序如下：

（一）受让主体与承包方就流转面积、期限、价款等进行协商并签订流转意向协议书。涉及未承包到户集体土地等集体资源的，应当按照法定程序经本集体经济组织成员的村民会议三分之二以上成员或者三分之二以上村民代表的同意，并与集体经济组织签订流转意向协议书。

（二）受让主体按照分级审查审核规定，分别向乡（镇）人民政府农村土地承包管理部门或者县级以上地方人民政府农业农村主管（农村经营管理）部门提出申请，并提交流转意向协议书、农业经营能力或者资质证明、流转项目规划等相关材料。

（三）县级以上地方人民政府或者乡（镇）人民政府应当依法组织相关职能部门、农村集体经济组织代表、农民代表、专家等就土地用途、受让主体农业经营能力，以及经营项目是否符合粮食生产等产业规划等进行审查审核，并于受理之日起 20 个工作日内作出审查审核意见。

（四）审查审核通过的，受让主体与承包方签订土地经营权流转合同。未按规定提交审查审核申请或者审查审核未通过的，不得开展土地经营权流转活动。

第三十条 县级以上地方人民政府依法建立工商企业等社会资本通过流转取得土地经营权的风险防范制度，加强事中事后监管，及时查处纠正违法违规行为。

鼓励承包方和受让方在土地经营权流转市场或者农村产权交易市场公开交易。

对整村（组）土地经营权流转面积较大、涉及农户较多、经营风险较高的项目，流转双方可以协商设立风险保障金。

鼓励保险机构为土地经营权流转提供流转履约保证保险等多种形式保险服务。

第三十一条 农村集体经济组织为工商企业等社会资本流转土地经营权提供服务的，可以收取适量管理费用。收取管理费用的金额和方式应当由农村集体经济组织、承包方和工商企业等社会资本三方协商确定。管理费用应当纳入农村集体经济组织会计核算和财务管理，主要用于农田基本建设或者其他公益性支出。

第三十二条 县级以上地方人民政府可以根据本办法，结合本行政区域实际，制定工商企业等社会资本通过流转取得土地经营权的资格审查、项目审核和风险防范实施细则。

第三十三条 土地经营权流转发生争议或者纠纷的，当事人可以协商解决，也可以请求村民委员会、乡（镇）人民政府等进行调解。

当事人不愿意协商、调解或者协商、调解不成的，可以向农村土地承包仲裁机构申请仲裁，也可以直接向人民法院提起诉讼。

第六章 附 则

第三十四条 本办法所称农村土地，是指除林地、草地以外的，农民集体所有和国家所有依法由农民集体使用的耕地和其他用于农业的土地。

本办法所称农村土地经营权流转，是指在承包方与发包方承包关系保持不变的前提下，承包方依法在一定期限内将土地经营权部分或者全部交由他人自主开展农业生产经营的行为。

第三十五条 通过招标、拍卖和公开协商等方式承包荒山、荒沟、荒丘、荒滩等农村土地，经依法登记取得权属证书的，可以流转土地经营权，其流转管理参照本办法执行。

第三十六条 本办法自2021年3月1日起施行。农业部2005年1月19日发布的《农村土地承包经营权流转管理办法》（农业部令第47号）同时废止。

农村土地承包合同管理办法

（2023年1月29日农业农村部第1次常务会议审议通过 2023年2月17日中华人民共和国农业农村部令2023年第1号公布 自2023年5月1日起施行）

第一章 总 则

第一条 为了规范农村土地承包合同的管理，维护承包合同当事人的合法权益，维护农村社会和谐稳定，根据《中华人民共和国农村土地承包法》等法律及有关规定，制定本办法。

第二条 农村土地承包经营应当巩固和完善以家庭承包经营为基础、统分结合的双层经营体制，保持农村土地承包关系稳定并长久不变。农村土地承包经营，不得改变土地的所有权性质。

第三条 农村土地承包经营应当依法签订承包合同。土地承包经营权自承包合同生效时设立。

承包合同订立、变更和终止的，应当开展土地承包经营权调查。

第四条 农村土地承包合同管理应当遵守法律、法规，保护土地资源的合理开发和可持续利用，依法落实耕地利用优先序。发包方和承包方应当依法履行保护农村土地的义务。

第五条 农村土地承包合同管理应当充分维护农民的财产权益，任何组织和个人不得剥夺和非法限制农村集体经济组织成员承包土地的权利。妇女与男子享有平等的承包农村土地的权利。

承包方承包土地后，享有土地承包经营权，可以自己经营，也可以保留土地承包权，流转其承包地的土地经营权，由他人经营。

第六条 农业农村部负责全国农村土地承包合同管理的指导。

县级以上地方人民政府农业农村主管（农村经营管理）部门负责本行政区域内农村土地承包合同管理。

乡（镇）人民政府负责本行政区域内农村土地承包合同管理。

第二章 承包方案

第七条 本集体经济组织成员的村民会议依法选举产生的承包工作小组，应当依照法律、法规的规定拟订承包方案，并在本集体经济组织范围内公示不少于十五日。

承包方案应当依法经本集体经济组织成员的村民会议三分之二以上成员或者三分之二以上村民代表的同意。

承包方案由承包工作小组公开组织实施。

第八条 承包方案应当符合下列要求：

（一）内容合法；

（二）程序规范；

（三）保障农村集体经济组织成员合法权益；

（四）不得违法收回、调整承包地；

（五）法律、法规和规章规定的其他要求。

第九条 县级以上地方人民政府农业农村主管（农村经营管理）部门、乡（镇）人民政府农村土地承包管理部门应当指导制定承包方案，并对承包方案的实施进行监督，发现问题的，应当及时予以纠正。

第三章 承包合同的订立、变更和终止

第十条 承包合同应当符合下列要求：

（一）文本规范；

（二）内容合法；

（三）双方当事人签名、盖章或者按指印；

（四）法律、法规和规章规定的其他要求。

县级以上地方人民政府农业农村主管（农村经营管理）部门、乡（镇）人民政府农村土地承包管理部门应当依法指导发包方和承包方订立、变更或者终止承包合同，并对承包合同实施监督，发现不符合前款要求的，应当及时通知发包方更正。

第十一条 发包方和承包方应当采取书面形式签订承包合同。

承包合同一般包括以下条款：

（一）发包方、承包方的名称，发包方负责人和承包方代表的姓名、住所；

（二）承包土地的名称、坐落、面积、质量等级；

（三）承包方家庭成员信息；

（四）承包期限和起止日期；

（五）承包土地的用途；

（六）发包方和承包方的权利和义务；

（七）违约责任。

承包合同示范文本由农业农村部制定。

第十二条 承包合同自双方当事人签名、盖章或者按指印时成立。

第十三条 承包期内，出现下列情形之一的，承包合同变更：

（一）承包方依法分立或者合并的；

（二）发包方依法调整承包地的；

（三）承包方自愿交回部分承包地的；

（四）土地承包经营权互换的；

（五）土地承包经营权部分转让的；

（六）承包地被部分征收的；

（七）法律、法规和规章规定的其他情形。

承包合同变更的，变更后的承包期限不得超过承包期的剩余期限。

第十四条 承包期内，出现下列情形之一的，承包合同终止：

（一）承包方消亡的；

（二）承包方自愿交回全部承包地的；

（三）土地承包经营权全部转让的；

（四）承包地被全部征收的；

（五）法律、法规和规章规定的其他情形。

第十五条 承包地被征收、发包方依法调整承包地或者承包方消亡的，发包方应当变更或者终止承包合同。

除前款规定的情形外，承包合同变更、终止的，承包方向发包方提出申请，并提交以下材料：

（一）变更、终止承包合同的书面申请；

（二）原承包合同；

（三）承包方分立或者合并的协议，交回承包地的书面通知或者协议，土地承包经营权互换合同、转让合同等其他相关证明材料；

（四）具有土地承包经营权的全部家庭成员同意变更、终止承包合同的书面材料；

（五）法律、法规和规章规定的其他材料。

第十六条 省级人民政府农业农村主管部门可以根据本行政区域实际依法制定承包方分立、合并、消亡而导致承包合同变更、终止的具体规定。

第十七条 承包期内，因自然灾害严重毁损承包地等特殊情形对个别农户之间承包地需要适当调整的，发包方应当制定承包地调整方案，并应当经本集体经济组织成员的村民会议三分之二以上成员或者三分之二以上村民代表的同意。承包合同中约定不得调整的，按照其约定。

调整方案通过之日起二十个工作日内，发包方应当将调整方案报乡（镇）人民政府和县级人民政府农业农村主管（农村经营管理）部门批准。

乡（镇）人民政府应当于二十个工作日内完成调整方案的审批，并报县级人民政府农业农村主管（农村经营管理）部门；县级人民政府农业农村主管（农村经营管理）部门应当于二十个工作日内完成调整方案的审批。乡（镇）人民政府、县级人民政府农业农村主管（农村经营管理）部门对违反法律、法规和规章规定的调整方案，应当及时通知发包方予以更正，并重新申请批准。

调整方案未经乡（镇）人民政府和县级人民政府农业农村主管（农村经营管理）部门批准的，发包方不得调整承包地。

第十八条 承包方自愿将部分或者全部承包地交回发包方的，承包方与发包方在该土地上的承包关系终止，承包期内其土地承包经营权部分或者全部消灭，并不得再要求承包土地。

承包方自愿交回承包地的，应当提前半年以书面形式通知发包方。承包方对其在承包地上投入而提高土地生产能力的，有权获得相应的补偿。交回承包地的其他补偿，由发包方和承包方协商确定。

第十九条 为了方便耕种或者各自需要，承包方之间可以互换属于同一集体经济组织的不同承包地块的土地承包经营权。

土地承包经营权互换的，应当签订书面合同，并向发包方备案。

承包方提交备案的互换合同，应当符合下列要求：

（一）互换双方是属于同一集体经济组织的农户；

（二）互换后的承包期限不超过承包期的剩余期限；

（三）法律、法规和规章规定的其他事项。

互换合同备案后，互换双方应当与发包方变更承包合同。

第二十条 经承包方申请和发包方同意，承包方可以将部分或者全部土地承包经营权转让给本集体经济组织的其他农户。

承包方转让土地承包经营权的，应当以书面形式向发包方提交申请。发包方同意转让的，承包方与受让方应当签订书面合同；发包方不同意转让的，应当于七日内向承包方书面说明理由。发包方无法定理由的，不得拒绝同意承包方的转让申请。未经发包方同意的，土地承包经营权转让合同无效。

土地承包经营权转让合同，应当符合下列要求：

（一）受让方是本集体经济组织的农户；

（二）转让后的承包期限不超过承包期的剩余期限；

（三）法律、法规和规章规定的其他事项。

土地承包经营权转让后，受让方应当与发包方签订承包合同。原承包方与发包方在该土地上的承包关系终止，承包期内其土地承包经营权部分或者全部消灭，并不得再要求承包土地。

第四章 承包档案和信息管理

第二十一条 承包合同管理工作中形成的，对国家、社会和个人有保存价值的文字、图表、声像、数据等各种形式和载体的材料，应当纳入农村土地承包档案管理。

县级以上地方人民政府农业农村主管（农村经营管理）部门、乡（镇）人民政府农村土地承包管理部门应当制定工作方案、健全档案工作管理制度、落实专项经费、指定工作人员、配备必要设施设备，确保农村土地承包档案完整与安全。

发包方应当将农村土地承包档案纳入村级档案管理。

第二十二条 承包合同管理工作中产生、使用和保管的数据，包括承包地权属数据、地理信息数据和其他相关数据等，应当纳入农村土地承包数据管理。

县级以上地方人民政府农业农村主管（农村经营管理）部门负责本行政区域内农村土地承包数据的管理，组织开展数据采集、使用、更新、保管和保密等工作，并向上级业务主管部门提交数据。

鼓励县级以上地方人民政府农业农村主管（农村经营管理）部门通过数据交换接口、数据抄送等方式与相关部门和机构实现承包合同数据互通共享，并明确使用、保管和保密责任。

第二十三条 县级以上地方人民政府农业农村主管（农村经营管理）部门应当加强农村土地承包合同管理信息化建设，按照统一标准和技术规范建立国家、省、市、县等互联互通的农村土地承包信息应用平台。

第二十四条 县级以上地方人民政府农业农村主管（农村经营管理）部门、乡（镇）人民政府农村土地承包管理部门应当利用农村土地承包信息应用平台，组织开展承包合同网签。

第二十五条 承包方、利害关系人有权依法查询、复制农村土地承包档案和农村土地承包数据的相关资料，发包方、乡（镇）人民政府农村土地承包管理部门、县级以上地方人民政府农业农村主管（农村经营管理）部门应当依法提供。

第五章 土地承包经营权调查

第二十六条 土地承包经营权调查，应当查清发包方、承包方的名称，发包方负责人和承包方代表的姓名、身份证号码、住所，承包方家庭成员，承包地块的名称、坐落、面积、质量等级、土地用途等信息。

第二十七条 土地承包经营权调查应当按照农村土地承包经营权调查规程实施，一般包括准备工作、权属调查、地块测量、审核公示、勘误修正、结果确认、信息入库、成果归档等。

农村土地承包经营权调查规程由农业农村部制定。

第二十八条 土地承包经营权调查的成果，应当符合农村土地承包经营权调查规程的质量要求，并纳入农村土地承包信息应用平台统一管理。

第二十九条 县级以上地方人民政府农业农村主管（农村经营管理）部门、乡（镇）人民政府农村土地承包管理部门依法组织开展本行政区域内的土地承包经营权调查。

土地承包经营权调查可以依法聘请具有相应资质的单位开展。

第六章 法律责任

第三十条 国家机关及其工作人员利用职权干涉承包合同的订立、变更、终止，给承包方造成损失的，应当依法承担损害赔偿等责任；情节严重的，由上级机关或者所在单位给予直接责任人员处分；构成犯罪的，依法追究刑事责任。

第三十一条 土地承包经营权调查、农村土地承包档案管理、农村土地承包数据管理和使用过程中发生的违法行为，根据相关法律法规的规定予以处罚；构成犯罪的，依法追究刑事责任。

第七章 附 则

第三十二条 本办法所称农村土地，是指除林地、草地以外的，农民集体所有和国家所有依法由农民集体使用的耕地和其他依法用于农业的土地。

本办法所称承包合同，是指在家庭承包方式中，发包方和承包方依法签订的土地承包经营权合同。

第三十三条 本办法施行以前依法签订的承包合同继续有效。

第三十四条 本办法自2023年5月1日起施行。农业部2003年11月14日发布的《中华人民共和国农村土地承包经营权证管理办法》（农业部令第33号）同时废止。

附录二

农村土地承包经营纠纷仲裁法律文书示范文本[①]

申请书类

仲裁申请书

申请人

姓名：__________性别：__________年龄：__________

住所：__________邮编：__________电话：__________

代理人

姓名：__________性别：__________单位：__________

住所：__________邮编：__________电话：__________

（法人或者其他组织）

名称：__________地址：__________

法定代表人（主要负责人）姓名：__________

职务：__________电话：__________

被申请人

姓名：__________性别：__________年龄：__________

住所：__________邮编：__________电话：__________

（法人或者其他组织）

名称：__________地址：__________

① 《农村土地承包经营纠纷仲裁法律文书示范文本》，载中国政府网，https：//www.gov.cn/xinwen/2016-08/24/content_ 5101972. htm，最后访问时间：2023 年 12 月 1 日。

法定代表人（主要负责人）姓名：____________________

职务：____________________电话：____________________

仲裁请求：____________________

____

事实和理由：____________________

____

证据名称：____________________证据来源：____________________

证人姓名：____________________联系方式：____________________

附件：1. 申请书副本____份

2. 其他有关材料____份

3. 身份证复印件或户籍复印件

申请人：（签名、盖章或者按指印）

年　　月　　日

口头仲裁申请书

申　请　人

姓名：__________性别：__________年龄：__________

住所：__________邮编：__________电话：__________

代理人

姓名：__________性别：__________年龄：__________

住所：__________邮编：__________电话：__________

被申请人

姓名：__________性别：__________年龄：__________

住所：__________邮编：__________电话：__________

(法人或者其他组织)

名称：____________地址：______________________________

法定代表人（主要负责人）姓名：____________________

职务：______________________电话：______________________

仲裁请求：____________________________________

____

事实和理由：__________________________________

____

证据名称：________________证据来源：________________

证人姓名：________________联系方式：________________

以上记录经本人核对，与口述一致。

附件：1. 申请书副本____份

2. 其他有关材料____份

3. 身份证复印件或户籍复印件

申请人：（签名、盖章或者按指印）

记录人：（签名、盖章）

年　　月　　日

第三人参加仲裁申请书

×××仲裁委员会：

你委受理的__________与__________纠纷一案，处理结果与我方有利害关系。为保障我方的合法权益，依照《农村土地承包经营纠纷调解仲裁法》第 19 条和《农村土地承包经营纠纷仲裁规则》第 9 条规定，现向你委提出以本案第三人的身份参加本次仲裁活动。

理由：____

____

申请人

姓名：__________性别：__________年龄：______________

住所：__________邮编：__________电话：______________

代理人

姓名：__________性别：__________年龄：______________

住所：__________邮编：__________电话：______________

申请人：(签名、盖章或者按指印)

年　　月　　日

回避申请书

×××**仲裁委员会**：

你委受理的__________与__________纠纷一案，因组成仲裁庭的仲裁员________有下列情形之一，特申请其回避。

(　)是本案当事人或者当事人、代理人的近亲属；

(　)与本案有利害关系；

(　)与本案当事人、代理人有其他关系，可能影响公正仲裁；

(　)私自会见当事人、代理人，或者接受当事人、代理人请客送礼。

申请人：(签名、盖章或者按指印)

年　　月　　日

反请求申请书

反请求申请人

姓名：________住所：________________电话：______________________

（法人或者其他组织）

名称：__________________地址：__________________________________

法定代表人（主要负责人）

姓名：________职务：________电话：______________________________

反请求被申请人

姓名：________住所：________________电话：______________________

（法人或者其他组织）

名称：__________________地址：__________________________________

法定代表人（主要负责人）

姓名：________职务：________电话：______________________________

反请求事项：____

____

事实和理由：____

____

附件：有关证明材料

申请人：（签名、盖章或者按指印）

年　　月　　日

撤回仲裁申请书

×××仲裁委员会：

本人申请撤回＿＿＿＿年＿＿月＿＿日向你委提请的＿＿＿＿＿＿＿＿＿＿＿＿＿＿纠纷一案的仲裁申请。

理由：＿＿＿

申请人：（签名、盖章或者按指印）

年　　月　　日

变更开庭时间（地点）申请书

×××仲裁委员会：

兹向你委提出变更＿＿＿＿＿＿纠纷一案开庭时间（地点）申请，变更为＿＿＿＿＿＿＿＿＿＿＿＿＿＿＿＿＿＿。

理由：＿＿＿

申请人：（签名、盖章或者按指印）

年　　月　　日

先行裁定申请书

×××仲裁委员会：

本人于________年____月____日就__________纠纷一案向你委申请仲裁。根据《农村土地承包经营纠纷调解仲裁法》第 42 条规定，现申请先行裁定被申请人______________________________________（维持现状、恢复农业生产以及停止取土、占地等破坏性行为）____

____。

事实和理由：____

____

____

申请人：（签名、盖章或者按指印）

年　　月　　日

财产保全申请书

×××仲裁委员会：

本人于________年____月____日就________________纠纷一案向你委申请仲裁，现有证据证明因________（有损毁、隐匿、转移、挥霍、出卖仲裁标的物等行为），（有损毁、隐匿、转移、挥霍、出卖财产等行为），可能使裁决不能执行或者难以执行，根据《农村土地承包经营纠纷调解仲裁法》第 26 条和《农村土地承包经营纠纷仲裁规则》第 20 条规定，现申请财产保全。如果因财产保全错误造成损失，由我方负责赔偿。

申请人：（签名、盖章或者按指印）

年　　月　　日

证据保全申请书

×××仲裁委员会：

本人于________年____月____日就________________纠纷一案向你委申请仲裁。为确保证据完好，保证仲裁活动顺利进行，根据《农村土地承包经营纠纷调解仲裁法》第41条规定，现申请证据保全。

请求事项：____

事实和理由：____

申请人：（签名、盖章或者按指印）

年　　月　　日

通知书类

受理通知书（送申请人）

×××农仲案［×××］第×××号

×××（申请人）：

你提交的仲裁申请书已收到。经审查，仲裁申请符合《农村土地承包经营纠纷调解仲裁法》第20条规定，本委予以受理。现将仲裁规则、仲裁员名册、选定仲裁员通知书和授权委托书送你。请自收到该通知书之日起五个工作日内，选定仲裁员，并将选定仲裁员通知书送本委。如委托代理人，应填写由你签名或者盖章的授权委托书，授权委托书须记明委托事项和权限，于______年____月____日前提交本委。

（农村土地承包仲裁委员会盖章）

年　　月　　日

受理通知书（送被申请人）

<table><tr><td>

×××农仲案［×××］第×××号

×××（被申请人）：

申请人______与你___________纠纷一案，本委已受理。现将仲裁申请书副本、仲裁规则、仲裁员名册、选定仲裁员通知书和授权委托书送你。请自收到该通知书之日起五个工作日内，选定仲裁员，将选定仲裁员通知书送本委，并于十日内向本委提交答辩书。如委托代理人，应填写由你签名或者盖章的授权委托书，授权委托书须记明委托事项和权限，于______年____月____日前提交本委。

（农村土地承包仲裁委员会盖章）

年　　月　　日

</td></tr></table>

选定仲裁员通知书

<table><tr><td>

×××仲裁委员会：

根据《农村土地承包经营纠纷调解仲裁法》和《农村土地承包经营纠纷仲裁规则》相关规定：

1. 我方在《仲裁员名册》中选定________为仲裁员；选定________为首席仲裁员。

2. （　）我方委托仲裁委员会主任指定仲裁员；

3. （　）我方委托仲裁委员会主任指定首席仲裁员。

申请人（被申请人）：（签名、盖章或者按指印）

年　　月　　日

说明：如委托仲裁委员会主任指定仲裁员或首席仲裁员，请在相应的选择项前的括号内打“√”确认。

</td></tr></table>

仲裁员回避通知书

<table>
<tr><td>

×××农仲案［×××］第×××号

×××（**申请人、被申请人**）：

依据《农村土地承包经营纠纷调解仲裁法》第 28 条和《农村土地承包经营纠纷仲裁规则》第 24 条规定，经审查，仲裁员____

________确有必须回避的情形，本委决定其回避。请________按照《农村土地承包经营纠纷仲裁规则》第 22 条规定于____工作日内重新选定仲裁员。

（农村土地承包仲裁委员会盖章）

年　　月　　日

决定不予回避的，修改为：

×××（**提出申请的当事人**）：

你提交的回避申请书收到。经审查，仲裁员________不具备《农村土地承包经营纠纷调解仲裁法》第 28 条规定的必须回避情形，本委决定其继续参加该案的审理和裁决。

（农村土地承包仲裁委员会盖章）

年　　月　　日

</td></tr>
</table>

不予受理通知书

<table>
<tr><td>

×××农仲案［×××］第×××号

×××（**申请人**）：

你提交的仲裁申请书已收到。经审查，该仲裁申请属于《农村土地承包经营纠纷调解仲裁法》第二十二条规定的情形，本委决定不予受理。

理由：____

____

（农村土地承包仲裁委员会盖章）

年　　月　　日

</td></tr>
</table>

仲裁答辩书

答 辩 人

姓名：__________性别：__________年龄：____________________

住所：__________邮编：__________电话：____________________

（法人或者其他组织）

名称：__________地址：______________________________

法定代表人（主要负责人）姓名：______________________________

职务：__________电话：______________________________

现就申请人__________与我__________纠纷一案，提出答辩意见如下：

____

事实和理由：____

附件：1. 答辩书副本____份；

2. 证据清单；

3. 证人情况。

答辩人：（签名、盖章或者按指印）

年　　月　　日

证据材料清单

编号	证据名称	证据种类	证据来源	原件/复印件

证人情况

编号	姓 名	住 址	联系方式

举证通知书

×××农仲案［×××］第×××号

×××（当事人）：

……（写明案件名称）一案，本委参照《中华人民共和国民事诉讼法》第六十五条、《最高人民法院关于适用〈中华人民共和国民事诉讼法〉的解释》第九十九条的规定，指定本案的举证期限至____年____月____日届满（或者你方与×××协商一致，确定本案的举证期限至____年____月____日届满，本委予以准许）。你方应当在____年____月____日前向本委提交证据，逾期提交的，承担相应的不利后果。

特此通知。

（农村土地承包仲裁委员会盖章）

年 月 日

第三人参加仲裁通知书

×××农仲案［×××］第×××号

×××（第三人）：

你于________年____月____日提交的参加仲裁申请书已收到。经审查，同意你作为第三人参加仲裁活动。

如委托代理人，应填写由你签名或者盖章的授权委托书，授权委托书须记明委托事项和权限，于________年____月____日前提交本委。

（农村土地承包仲裁委员会盖章）

年　　月　　日

说明：如果不同意参加仲裁活动，修改为：

你于________年____月____日提交的参加仲裁申请书已收到。经审查，不符合参加仲裁的条件，不同意你作为第三人参加仲裁活动。

理由：____

____

（农村土地承包仲裁委员会盖章）

年　　月　　日

开庭通知书

×××农仲案［×××］第×××号

×××（当事人、第三人、其他参与人）：

本委定于____年____月____日____时____分在__________开庭审理________与________纠纷一案。由____、____、____组成仲裁庭，________担任首席仲裁员。请准时出庭，并携带身份证或者户口簿原件。

（农村土地承包仲裁委员会盖章）

年　　月　　日

证人出庭通知书

×××农仲案［×××］第×××号

×××（证人）：

________与________纠纷一案，________向本委提出申请，由你作为本案证人出庭作证，本委已准许。请你于________年____月____日____时____分到__________出庭作证。

根据《中华人民共和国民事诉讼法》第七十二条、第七十三条的规定，证人作证注意事项如下：

一、凡是知道案件情况的单位和个人，都有义务出庭作证。

二、证人应当客观陈述亲身感知的事实，不得使用猜测、推断或者评论性的语言。证人不得宣读事先准备的书面证言。

三、证人应当如实作证，并如实回答庭审人员和当事人的询问，作伪证的，应承担相应的法律责任。

四、证人不得旁听审理，不得与当事人和其他证人交换意见。

五、证人的合法权利受法律保护。

（农村土地承包仲裁委员会盖章）

年　　月　　日

变更开庭时间（地点）通知书

×××农仲案［×××］第×××号

×××（当事人、第三人、其他参与人）：

________于________年____月____日向仲裁庭提出变更开庭时间（地点）申请。依照《农村土地承包经营纠纷调解仲裁法》和《农村土地承包经营纠纷仲裁规则》有关规定，经审查，仲裁庭同意其变更开庭时间（地点）的请求，开庭时间（地点）变更为____。

年　　月　　日

（仲裁委员会盖章）

不同意变更请求修改为：

×××（提出变更申请的当事人）：

你于________年____月____日向仲裁庭提出变更开庭时间（地点）申请，依照《农村土地承包经营纠纷调解仲裁法》和《农村土地承包经营纠纷仲裁规则》有关规定，经审查，仲裁庭不同意你提出的变更开庭时间（地点）请求，请按照原定开庭时间、地点准时出庭。

（农村土地承包仲裁委员会盖章）

年　　月　　日

仲裁程序恢复通知书

×××农仲案［×××］第×××号

×××（当事人、第三人）：

本委受理的________与________________________纠纷一案，仲裁程序中止原因已消除，自____年____月____日起恢复仲裁程序，请于____年____月____日到仲裁庭参加仲裁活动。

（农村土地承包仲裁委员会盖章）

年　　月　　日

裁决（定）书类

仲裁裁决书

×××农仲案［×××］第×××号

申　请　人

姓名：__________性别：__________身份证号码：__________

住所：__________邮编：__________

(法人或者其他组织)

名称：__________地址：____________________

法定代表人（主要负责人）姓名：______________

职务：____________

代理人

姓名：__________性别：__________

被申请人

姓名：__________性别：__________身份证号码：__________

住所：__________邮编：__________

(法人或者其他组织)

名称：__________地址：____________________

法定代表人（主要负责人）姓名：______________

职务：____________

代理人

姓名：__________性别：__________

第三人（其他参与人）

姓名：__________性别：__________身份证号码：__________

住所：__________邮编：__________

(法人或者其他组织)

名称：__________地址：____________________

法定代表人（主要负责人）姓名：________________________

职务：________________

代理人

姓名：__________性别：________

申请人×××为与被申请人×××（写明案由）一案，向本委申请仲裁。本委受理后，依法组成仲裁庭（或依法由仲裁员×××独任仲裁），于×××年×××月×××日开庭审理了此案。申请人×××（及委托代理人，下同）与被申请人×××和第三人×××到庭参加仲裁活动。当事人陈述了各自的观点，分别对对方提出的证据予以质证并进行了辩论，同时还回答了仲裁庭的提问。本案现已审理终结。

申请人×××称：……（概述申请人提出的具体仲裁请求和所根据的事实与理由）。

在举证期限内，申请人×××为了证明其主张的事实，提供了如下证据：

××（证据名称，有的要加上日期），证明……（拟证事实）；被申请人×××辨称：……（概述被申请人答辩的主要内容）。

第三人×××辨称：……（概述第三人的主要意见）。

在举证期限内，被申请人提供了如下证据：

××（证据名称，有的要加上日期），证明……（拟证事实）；

申请人×××辨称：……（概述申请人答辩的主要内容）。

第三人×××称：……（概述第三人的主要意见）。

在举证期限内，第三人提供了如下证据：

××（证据名称，有的要加上日期），证明……（拟证事实）；

申请人×××辨称：……（概述申请人答辩的主要内容）。

被申请人×××辨称：……（概述被申请人答辩的主要内容）。

经庭审质证，对各方提供的证据认定如下：

……（概述申请人、被申请人、第三人相互质证的情况和仲裁庭认定的结论。可分组或逐项质证和认定）。

仲裁庭经审理查明，……（写明仲裁庭认定的事实）。

综上所述，……（前段内容较多时，可简要概括）。

本庭认为：……（写明仲裁庭认定事实）

依照……（写明裁决所依据的法律条款）的规定裁决如下：

1. ……

2. ……

……

根据《农村土地承包经营纠纷调解仲裁法》第四十八条规定，当事人不服仲裁裁决的，可以自收到裁决书之日起三十日内向人民法院起诉。逾期不起诉的，裁决书即发生法律效力。

首席仲裁员

仲 裁 员

仲 裁 员

（农村土地承包仲裁委员会盖章）

年 月 日

书 记 员

仲裁调解书

×××农仲案［×××］第×××号

申请人

姓名：________性别：________身份证号码：________________

住所：________邮编：________

被申请人

姓名：________性别：________身份证号码：________________

住所：________邮编：________

申请人________与被申请人________就__________纠纷一案，申请人提出（写明申请人的具体仲裁请求）________________

____

____。

本委受理后，依法组成仲裁庭审理此案。仲裁庭在双方当事人自愿的基础上进行调解，双方当事人自愿达成以下协议：____________________________

____

____________________。

本调解书经双方当事人签收发生法律效力，一方当事人逾期不履行的，另一方当事人可以向被申请人住所地或者财产所在地的基层人民法院申请执行。

申请人：（签名、盖章或者按指印）

被申请人：（签名、盖章或者按指印）

首席仲裁员

仲　裁　员

仲　裁　员

（农村土地承包仲裁委员会盖章）

年　　月　　日

书　记　员

裁决补正书

×××农仲案［×××］第×××号

本庭________年____月____日对________________纠纷一案作出的仲裁裁决（×××农仲案［×××］第×××号）中，因__（文字、计算错误或者遗漏事项）__，现补正如下：____。

本裁决补正书是裁决书的一部分，具有与裁决书同等法律效力。

首席仲裁员

仲　裁　员

仲　裁　员

（农村土地承包仲裁委员会盖章）

年　　月　　日

书　记　员

先行裁定书

×××农仲案［×××］第×××号

×××（申请人、被申请人）：

申请人________于______年______月______日向本庭提出先行裁定申请，申请____________________（写明请求的具体内容）____。

依照《农村土地承包经营纠纷调解仲裁法》第42条和《农村土地承包经营纠纷仲裁规则》第47条规定，本庭裁定如下：__________________________（写明先行裁定的内容、时间和方式）__________________________。

如被申请人不履行本裁定，申请人可以向人民法院申请执行，但应当提供相应的担保。

首席仲裁员

仲　裁　员

仲　裁　员

（农村土地承包仲裁委员会盖章）

年　　月　　日

书　记　员

准许撤回仲裁申请裁定书

×××农仲案［×××］第×××号

×××（申请人、被申请人、第三人）：

申请人________于________年____月____日就____________________________纠纷一案提出撤诉申请。依照《农村土地承包经营纠纷调解仲裁法》和《农村土地承包经营纠纷仲裁规则》有关规定，准许其撤回仲裁申请，仲裁程序终结，本案不再审理。

（农村土地承包仲裁委员会盖章）

年　　月　　日

仲裁延期决定书

×××农仲案［×××］第×××号

×××（当事人、第三人）：

本委受理的________与__________________________纠纷一案，根据《农村土地承包经营纠纷调解仲裁法》第 47 条和《农村土地承包经营纠纷仲裁规则》第 54 条规定，经仲裁委员会主任批准，决定仲裁期限延长____日。

（农村土地承包仲裁委员会盖章）

年　　月　　日

仲裁程序中止裁定书

×××农仲案［×××］第×××号

×××（当事人、第三人）：

本委受理的________与________________________纠纷一案，经审理，因

_，

依照《农村土地承包经营纠纷仲裁规则》第四十九条规定，决定中止仲裁程序。仲裁程序中止原因消除后，本委将通知你们恢复仲裁程序。

（农村土地承包仲裁委员会盖章）

年 月 日

仲裁程序终结裁定书

×××农仲案［×××］第×××号

×××（当事人、第三人）：

本委受理的________与________________________纠纷一案，依照《农村土地承包经营纠纷调解仲裁法》和《农村土地承包经营纠纷仲裁规则》有关规定，决定____年____月____日起终结仲裁程序，本案不再进行审理。

理由：____

____

（农村土地承包仲裁委员会盖章）

年 月 日

内部文书类

卷宗封面

<table>
<tr><td colspan="5">×××省（自治区、直辖市）×××县（市、区）农村土地承包仲裁案件
卷　　宗</td></tr>
<tr><td colspan="5">案 件 编 号：</td></tr>
<tr><td colspan="2">案　由</td><td colspan="3"></td></tr>
<tr><td colspan="2">处理结果</td><td colspan="3"></td></tr>
<tr><td rowspan="3">仲裁参与人</td><td>申请人</td><td colspan="3"></td></tr>
<tr><td>被申请人</td><td colspan="3"></td></tr>
<tr><td>第三人</td><td colspan="3"></td></tr>
<tr><td colspan="2">首席仲裁员</td><td>仲裁员</td><td>仲裁员</td><td>书记员</td></tr>
<tr><td colspan="2"></td><td></td><td></td><td></td></tr>
<tr><td colspan="2">立案日期</td><td>年　月　日</td><td>结案日期</td><td>年　月　日</td></tr>
<tr><td colspan="2">归档日期</td><td>年　月　日</td><td>归档号数</td><td></td></tr>
</table>

卷内备考表

本卷情况说明

立 卷 人：

检 查 人：

立卷时间：

案卷目录

序号	文 书 名 称	日期	承办人	页码

立案审批表

申 请 人	
被申请人	
第 三 人	
案情摘要	
接案人意见	（签名） 年 月 日
仲裁委员会审批意见	（盖章） 年 月 日
备 注	

延期审批表

案　　号	×××农仲案［×××］第×××号		
申 请 人		委托代理人	
被申请人		委托代理人	
第 三 人		委托代理人	
延期理由	（首席仲裁员签名） 年　月　日		
仲裁委员会主任意见	（主任签名） 年　月　日		
备　注			

调查取证笔录

×××农仲案〔×××〕第×××号

时　　间：____________地　　点：____________

调 查 人：____________记 录 人：____________

被调查人

姓　　名：________性别：______年　　龄：________

工作单位：______________职　　务：________

住　　所：______________联系电话：________

调查内容：____

____。

被调查人：（签名、盖章或者按指印）

（注：被调查人首页签名、盖章或者按指印，其他各页均应按指印，涂改处按指印。）

开庭笔录（含调解笔录）

时　间：________年____月____日____时____分

地　点：____

首席仲裁员：请书记员查明当事人、代理人及相关人员是否到庭。

书记员：报告首席仲裁员，申请人、被申请人、代理人及相关人员均已到庭，身份已核实无误，仲裁庭准备工作就绪，可以开庭，报告完毕。

首席仲裁员：请书记员宣布仲裁庭纪律。

书记员：（宣布仲裁庭纪律）。

首席仲裁员：根据《农村土地承包法》和《农村土地承包经营纠纷调解仲裁法》等法律法规和国家政策规定，本庭依法对申请人提请的土地承包纠纷一案进行开庭审理并作出仲裁裁决。

首席仲裁员：（宣布开庭、仲裁庭组成情况）。

首席仲裁员：向当事人及第三人询问是否申请回避。答：……

首席仲裁员：告知当事人及参与人的权利和义务。答：……

首席仲裁员：现在进行庭审调查。当事人应对申请书的申请内容进行发言、询问和举证，不得起哄、诱证和进行人身攻击。

首席仲裁员：下面请申请人宣读申请书。申请人宣读申请书……

首席仲裁员：申请人，你是否还有补充的。答：……

首席仲裁员：下面请被申请人进行答辩。被申请人答辩……

首席仲裁员：下面由委托代理人提问。代理人提问……

首席仲裁员：下面进行举证质证。申请人进行举证……

首席仲裁员：下面请被申请人进行质证。被申请人进行质证……

首席仲裁员：下面请被申请人进行举证。被申请人进行举证……

首席仲裁员：下面请申请人进行质证。申请人进行质证……

首席仲裁员：举证完毕，下面进行辩论。

申请人发言：

申请人委托代理人发表意见：

被申请人发言：

被申请人委托代理人发表意见：

第三人发言：

第三人委托代理人发表意见：

首席仲裁员：下面由当事人进行最后陈述。

申请人：

被申请人：

第三人：

首席仲裁员：下面进行调解。当事人，你们是否同意调解？（调解过程）

首席仲裁员：现在休庭。（仲裁庭进行合议，作出裁决）。

注：庭审结束后，由当事人、第三人和其他参与人对庭审笔录进行确认。确认无误后，仲裁员、记录人员、当事人、第三人和其他参与人签名、盖章或者按指印。

其 他 类

农村土地承包仲裁参与人权利义务告知书

（一）当事人权利

1. 申请人有变更和撤回仲裁请求的权利，被申请人有答辩、提出反请求的权利；

2. 有委托代理人代为参加仲裁活动的权利；

3. 有依法申请仲裁员回避的权利；

4. 有请求传唤证人，请求对专门性问题进行鉴定的权利；

5. 有进行辩论，请求调解、自行和解的权利；

6. 有查阅开庭笔录并申请补正的权利；

7. 有申请财产保全、证据保全和先行裁定的权利；

8. 有在法定期限内向人民法院起诉的权利；

9. 有申请人民法院执行已发生法律效力的调解书、裁决书的权利。

（二）当事人义务

1. 有遵守仲裁程序和仲裁纪律的义务；

2. 有按时到庭参加开庭庭审的义务；

3. 有按规定期限提供证据的义务；

4. 有履行生效的裁决、裁定、调解书的义务。

（三）第三人的权利和义务

1. 有参加仲裁庭审的权利；

2. 有在庭审中陈述意见、提供证据、进行辩论的权利；

3. 有遵守仲裁程序和仲裁纪律的义务；

4. 有协助履行生效的裁决、裁定、调解书的义务。

农村土地承包仲裁有关事项提示

为方便人民群众仲裁，帮助当事人减少风险，根据《中华人民共和国农村土地承包法》《中华人民共和国农村土地承包经营纠纷调解仲裁法》规定，参照《中华人民共和国民法通则》《中华人民共和国民事诉讼法》以及最高人民法院有关司法解释等规定，现将有关仲裁事项提示如下：

一、申请不符合条件将不予受理

申请人不适格、纠纷与申请人无直接利害关系、无明确的被申请人、纠纷不属于农村土地承包仲裁受理范围等不符合申请条件的，农村土地承包仲裁委员会不予受理。

二、仲裁请求不适当将不予支持

仲裁请求不明确、无事实和理由支持，超过申请仲裁时效的，农村土地承包仲裁委员会不予支持。

当事人增加、变更仲裁请求或者提出反请求，超过农村土地承包仲裁委员会指定期限的，可能不被受理。

三、对代理不明确授权的将不予承认

当事人委托代理人参加仲裁活动，未明确特别授权的，如委托代理人代为承认、撤回、放弃、变更仲裁请求，进行和解，提起反请求等事项，代理人就上述特别授权事项发表的意见不具有法律效力，农村土地承包仲裁委员会将不予承认。

四、不提供或者不充分提供证据将承担举证不利后果

当事人提出仲裁请求或者反请求，不提供证据、证据不真实或者与事实无关的，将承担举证不利后果。但法律和最高人民法院司法解释规定举证责任倒置的除外。

当事人超过规定期限向农村土地承包仲裁委员会提交证据的，需经对方当事人同意并在庭审中质证。但属于法律规定的新的证据除外。

当事人不向农村土地承包仲裁委员会提供证据原件或原物的，将影响证据的证明力，可能不被采信。但特殊情况下经农村土地承包仲裁委员会核实的复印件或者复制品除外。

当事人有证人但不能出庭作证并接受质询的，所提供的证言不能单独作为认定案件事实的依据。

五、申请鉴定、财产保全、执行先行裁定将承担经济风险

当事人申请专业性问题鉴定的，鉴定费用自理。

当事人申请财产保全有错误的，应当赔偿被申请人因财产保全所遭受的损失。

当事人申请执行先行裁定有错误的，应当赔偿被执行人因执行先行裁定所遭受的财产损失。

六、不按时出庭或者中途退庭的将承担相应后果

申请人收到开庭通知书，无正当理由拒不到庭，或者未经仲裁委许可中途退出仲裁庭的，农村土地承包仲裁委员会将按自动撤回申请处理，仲裁程序终止。但被申请人有反请求的，农村土地承包仲裁委员会将对反请求的内容做出缺席仲裁。

被申请人无正当理由不到庭或未经仲裁庭许可中途退庭的，不影响仲裁程序的正常进行，农村土地承包仲裁委员会可以缺席裁决。

七、拒绝接收仲裁文书

当事人或者第三人拒绝接收农村土地承包仲裁委员会依法送达仲裁文书时，通过留置送达，具有与直接送达相同的法律效力。

代表人身份证明书

×××仲裁委员会：

兹推选______作为我方参加________诉________纠纷仲裁活动的代表人，其参加仲裁活动的行为，对全体推选人发生效力。

特此证明。

推选人：（签名、盖章或者按指印）

年　　月　　日

附：代表人情况

姓名	性别	住址邮编	电话

授权委托书

×××**仲裁委员会：**

兹委托______作为我方代理人，参加______纠纷仲裁活动。其代理权限为（请在以下权限中选择，可多选）：

（　）提出、承认、变更、撤回、放弃仲裁请求；

（　）进行答辩，提出、承认、变更、撤回、放弃仲裁反请求；

（　）约定仲裁庭组成方式、选定仲裁员；

（　）参加开庭审理、陈述事实及代理意见并参加调查、质证活动；

（　）接受调解、和解；

（　）其他______________________。

代理人工作单位：____

职务：____________________联系电话：______________________

委托人：（签名、盖章或者按指印）

年　月　日

委托鉴定函

×××农仲案［×××］第×××号

×××（鉴定单位名称）：

我委审理的＿＿＿＿＿与＿＿＿＿＿＿＿＿＿＿纠纷一案，现委托贵单位对＿＿＿＿材料进行鉴定。请于＿＿＿＿年＿＿月＿＿日前将鉴定结果回复我委，送去的鉴定材料，也请一并退还。

鉴定事项：＿＿

（农村土地承包仲裁委员会盖章）

年　　月　　日

仲裁委员会地址：＿＿＿＿＿＿＿＿＿邮　　编：＿＿＿＿＿＿＿

联　系　人：＿＿＿＿＿＿＿＿＿＿＿联系电话：＿＿＿＿＿＿＿

财产保全移送函

×××农仲案［×××］第×××号

×××人民法院：

我委受理的＿＿＿与＿＿＿＿＿＿＿＿＿＿＿＿纠纷一案，当事人＿＿＿提出财产保全申请，依照《农村土地承包经营纠纷调解仲裁法》第26条规定，现将财产保全申请书、受理案件通知书、申请人的身份证明、申请财产保全的具体情况等材料提交你院。

（农村土地承包仲裁委员会盖章）

年　　月　　日

证据保全移送函

×××农仲案［×××］第×××号

×××人民法院：

我委受理的______与________________________纠纷一案，当事人______提出证据保全申请，依照《农村土地承包经营纠纷调解仲裁法》第41条规定，现将证据保全申请书、受理案件通知书、申请人的身份证明和申请保全证据的具体情况等材料提交你院。

（农村土地承包仲裁委员会盖章）

年　　月　　日

送达回证

受送达人	文书名称	份数	送达地点	送达日期	受送达人签名 （盖章或按指印）
送达人					
备注：					

注：1. 受送达人是自然人，但本人不在场的，由其同住成年家属签收；受送达人是法人或者其他组织的，应当由法人的法定代表人、其他组织的主要负责人或者该法人、组织负责收件的人签收。

2. 留置送达的，应在“备注”栏内记明拒收理由和日期，由送达人、见证人签名、盖章或者按指印，将仲裁文书留在受送达人住所。

仲裁裁决（调解）执行申请书

×××人民法院：

我与____________________纠纷一案已由×××仲裁委员会作出裁决（调解）（×××农仲案［×××］第×××号），因对方当事人逾期未履行裁决书（调解书）中规定的义务，根据《民事诉讼法》和《农村土地承包经营纠纷调解仲裁法》有关规定，申请贵院予以执行。

申请执行事项：____。

被申请人

姓名：____________性别：__________年龄：____________

住所：____________邮编：__________电话：____________

（法人或者其他组织）

名称：____________地址：____________________________

法定代表人（主要负责人）姓名：________________________

职务：____________________电话：____________________

附件：裁决书（调解书）

申请人：（签名、盖章或者按指印）

年　　月　　日

仲裁建议书

（××××）……号

×××（主送单位名称）：

本委在审理……（写明案件名称）一案中，发现……（写明发现存在的问题和提出建议的理由）。为此，特建议：

……（写明建议的具体事项）。

以上建议供参考，方便时请将处理结果告知我委。

抄送：……（抄送机关名称）

附：×××农仲案［×××］第×××号裁决书

（农村土地承包仲裁委员会盖章）

年　月　日